実効性のある内部通報制度のしくみと運用

コンプライアンス経営の"切り札"

栄光綜合法律事務所
梅本 弘［編著］

日本実業出版社

はじめに

　最近、企業や団体による、いわゆる「不祥事」が取りざたされることが多くなりました。

　企業や団体においては、ごく少数であっても誰かがどこかで違法・不正行為を犯すものです。単独で行う行為、グループで共謀・共同して行う行為、組織ぐるみ・企業ぐるみで行う行為などがありますが、それらすべての違法・不正行為を完璧に防止する方法などはありません。

　そのような違法・不正行為が発生したとき、(1)誰がそれを発見したか、(2)その情報がどのように周辺や管理職、また組織全体に伝達、共有されたか、(3)その後問題がどのように是正、改善され、反省され、関係者の処分が検討されたか、(4)再発防止のためにどのような施策が講じられたか、などの点が問題となります。

　そういう問題を検証していくとき、その企業や団体において「内部通報制度」が機能していたかどうかで大きな違いが生じることに気がつきます。とくに上記(1)及び(2)については決定的な違いが生じます。

　「内部通報制度」に関する理解と運用を重視している企業や団体では、不祥事の発生を相当程度減らすことができます。正確に言うと、違法・不正行為それ自体を発生させないのではなく、そのような事実や兆候があったとき、その情報がいち早く管理職や経営トップに伝わり、早期にその解決と再発防止策が図られるということです。

　そのため、コンプライアンス経営を目指す企業経営者にとって、「内部通報制度」はきわめて有効な手段であり、その活用は必須の課題と言うことができます。

　逆に、「内部通報制度」が機能しない場合は、違法・不正行為が行われていても、その情報が管理職や経営トップに共有されず、発覚しないまま深刻化し、ある日いきなり、「内部告発」等によって世間にその事実が暴

露され、不祥事として世間の耳目を集め、批判の矢面に立たされることになるのです。

　そして、経営者はいわゆる「内部統制システム」の不備を指摘され、場合によっては、取締役や監査役個人として高額の損害賠償を命じられるなど、重大な責任追及を受けることにもなりかねません。

　重要なことは、組織内で違法・不正行為が発生したことそれ自体よりも、組織としてなぜ早期にそれを発見、認識できなかったのか、そして、「組織内の自浄作用」によって、なぜそれを組織内で解決することができなかったのかという点が批判されることです。

　もし「組織内の自浄作用」が働けば、その企業や団体はいきなり世間の批判を浴びることも手厳しい信用毀損を被ることもありません。そして、適切な時期に、組織自体の手でそれを対外的に公表することによって、社会からの批判は相当程度に軽減されます。かえって、自浄能力があると評価され、その企業や団体の信用を高めることにもなり得ます。

　本書においては、まず企業や団体の経営者、管理者の方々に、「内部通報制度」の意義、つまり、これが「組織内の不祥事防止のための切り札」であることを理解していただきたいと思います。

　「内部統制システム」とともに「内部通報制度」の重要性が提唱されるようになったのは、それほど新しいことではありません。しかし、企業や団体における認知度、活用度はまだそれほど高くないのが実情です。

　その大きな理由の1つは、この制度やその重要性が企業や団体の経営トップに必ずしも正確に認識されていない点が挙げられます。その結果、組織全体に浸透していかない、という現状はきわめて残念なことです。

　コンプライアンス経営の理念と施策は、その企業や団体の永続性にも影響を及ぼします。また、現在や将来の業績とも決して無関係ではありません。

　コンプライアンス経営に欠陥があり、組織内不祥事によって経営自体が

危機に瀕した企業や団体は少なくないからです。

　現在、「内部通報制度」を設けている企業や団体は少なくありません。消費者庁の「民間事業者における通報処理制度の実態調査報告書（平成24〔2012〕年度調査）」〔http://www.caa.go.jp/planning/koueki/chosa-kenkyu/files/h24minkan-chosa.pdf〕によれば、従業員100人以下の事業者の内部通報窓口設置率は1～2割、101人以上300人以下の事業者の設置率は4割、301人以上の事業者の設置率は9割以上となっています。
　しかし、形ばかりではなく、実際にも利用され機能してその目的を達成しているかと言えば、必ずしもそうとは言えません。だからこそ、企業や団体の不祥事ニュースや内部告発が後を絶たないとも言えます。

　過去の企業や団体の不祥事を振り返ってみると、「内部通報制度」が機能していれば回避できたはずであろうに、と思われるケースが少なくありません。
　機能しなかった理由には2つのパターンがあるようです。
　その1つは、それぞれの不祥事の現場では、少なからぬ人たちがその事実を認識していたのに誰もその情報を上司やしかるべき関係者に伝達しなかったために、組織として何の措置もとることができなかったケースです。
　もう1つは、事実を察知した人が上司やその他の関係者に伝達し相談もしたにもかかわらず、それを受け取った人、あるいはその人からさらに情報を受け取った人（つまり管理者や役員）が、次にとるべき行為をとらずにそれを握りつぶした、というケースです。
　このような事態がなぜ生じるのか、これを回避するにはどうすればよいか、それらの点も本書の中で解説させていただきます。
　組織内部の不祥事というのは企業（会社）だけでなく、種々の団体・種々の組織に共通する問題であり、したがって、「内部通報制度」もそれらすべてに共通する制度です。
　しかし本書では、その中でも圧倒的に数の多い企業（会社）を中心にし

て記述しています。

　企業（会社）以外の組織や団体の関係者におかれましては、「会社」と記載しているところを、「団体」ないし「組織」と読み替えてご理解くださるようお願いします。

　なお、本書の第1章から第5章までの内容は、栄光綜合法律事務所（弁護士法人栄光）発行のメールマガジンの記事が土台になっています。
　そのメールマガジンは「ビジネス法務最前線　内部通報制度特集号」のタイトルで、2013年5月から2014年4月まで、約1年間、合計43回にわたって発行されたもので、当法律事務所の9名の弁護士（末尾に記載）が分担して執筆してきました。
　これが各方面から大変ご好評をいただき、また励ましをいただいたため、今回全体を再構成し、その後の情報や今まで読者等からいただいた質問や意見も盛り込み、さらにこの分野で先進的な経営を推進されてきた企業の法務担当者などにご出席いただき開催した座談会の内容も加えた形で上梓することとしました。

　多くの企業や団体において、今まで以上に「内部通報制度」が積極的、効果的に運用され、違法行為や不正行為が少しでも減少し、コンプライアンス経営の意識がさらに高揚する日本社会が実現することを祈念して止みません。

　2015年7月

　　　　　　　　　　　　　　　弁護士法人栄光・栄光綜合法律事務所
　　　　　　　　　　　　　　　　　代表社員　弁護士　梅　本　　弘
　　　　　　　　　　　　　　　　　　　　　　　　　　　　（編著者）

> コンプライアンス経営の"切り札"
> 実効性のある　内部通報制度のしくみと運用　◆ 目次

はじめに　1

第1章　内部通報制度の基本的しくみ

1 内部通報制度の定義・概念は
　――内部告発との違いを認識しよう………………………………… 10

2 内部通報制度の目的と機能
　――コンプライアンス経営の"切り札"……………………………… 14

3 通報者の範囲は
　――通報できる者・通報するべき者………………………………… 17

4 部署内解決と内部通報
　――上司への報告・相談が先決……………………………………… 21

5 内部通報窓口
　――内部通報を受理するところ……………………………………… 24

6 内部通報の手段
　――どういう手段で通報するか……………………………………… 29

7 通報者が匿名を希望する場合
　――自分の氏名・勤務部署を明かしたくない……………………… 32

8 通報者が不利益を受けないための方策
　――これが制度成功の決め手………………………………………… 37

9 内部通報の内容・対象
　――違法・不正行為またはそれと疑われる事実…………………… 41

10 Topic 内部通報の実際例……………………………………………… 45

11 社員等に対する制度の説明・周知
　――これがなければ始まらない……………………………………… 49

12 内部通報は社員の義務か
　――法的義務でなくても道義的義務………………………………… 52

13 Topic 内部通報制度の普及状況
　――消費者庁報告書から……………………………………………… 58

14 Topic 内部通報制度とコーポレートガバナンス・コード……… 61

第2章 内部通報制度における具体的対応

1 社外窓口（弁護士）が内部通報を受けたとき
　　──通報者との対話 …………………………………………………… 66

2 社内窓口が内部通報を受けたときの対応
　　──通報者の意思を尊重する ………………………………………… 70

3 事実調査の方法①
　　──関係者からの聞き取り調査 ……………………………………… 74

4 事実調査の方法②
　　──その他の方法 ……………………………………………………… 78

5 聞き取り調査の担当者
　　──事務局担当者・管理職・弁護士・その他 ……………………… 81

6 事実調査を成功させるために
　　──工夫はいろいろある ……………………………………………… 87

7 事実調査に基づく事実認定と評価
　　──事実を確定しその評価を行う …………………………………… 91

8 是正措置・再発防止策の策定
　　──内部通報事務局の役割は小さい ………………………………… 94

9 被通報者・関係者に対する処分・制裁
　　──対象者の特定と適正手続が重要 ………………………………… 97

10 報告書の作成
　　──通報内容・調査の経緯と結果・意見 …………………………… 102

11 通報者に対するフィードバック
　　──これを軽視すると制度は信頼されない ………………………… 105

12 内部通報制度に関するモニタリング
　　──制度の充実と発展のために不可欠 ……………………………… 109

13 通報者の不利益・嫌がらせに対する対応
　　──会社の姿勢が問われる …………………………………………… 113

14 Topic 社外窓口の設置場所
　　──消費者庁の実態調査報告書より ………………………………… 119

15 Topic 第三者委員会
　　──日弁連ガイドラインを踏まえて ………………………………… 123

16 Topic 内部通報制度に対するドイツ・フランスと
アメリカの違い ………………………………… 128

第3章 内部通報制度Q&A それぞれの立場から

1 通報者の立場から ………………………………………………… 132
2 内部通報事務局の立場から ……………………………………… 143
3 中間管理職の立場から …………………………………………… 148
4 経営者の立場から ………………………………………………… 152

第4章 内部通報制度運用規程の作り方

1 規程に記載すべき基本的事項 …………………………………… 162
2 規程を設ける場合の全般的留意事項 …………………………… 163
3 「内部通報制度運用規程」の文例 ………………………………… 165
4 文例に関する個別説明 …………………………………………… 171

第5章 実際例から学ぶ内部通報制度

1 オリンパス事件の教訓 …………………………………………… 184
2 カネボウ白斑事件から学ぶこと ………………………………… 187
3 ヤマト運輸クール宅急便 常温仕分け問題から学ぶこと …… 191
4 JR北海道のレール異常放置問題から学ぶこと ………………… 194
5 不祥事発覚時の危機対応を見て思うこと ……………………… 196
6 内部通報によりコンプライアンス違反が改善された事例 …… 200
7 企業不祥事で経営者の個人責任が問われた事例 ……………… 203

第6章 座談会「内部通報制度の現状と問題点」

- ① 参加各社の内部通報制度の概要 …………………………………… 209
- ② 通報窓口の設け方について ………………………………………… 212
- ③ 通報の手段・方法 …………………………………………………… 217
- ④ 匿名通報の取扱い …………………………………………………… 219
- ⑤ 内部通報の内容、対象について …………………………………… 222
- ⑥ 事前相談 ……………………………………………………………… 224
- ⑦ 通報受理直後の対応 ………………………………………………… 226
- ⑧ 事実調査に関する計画の立案 ……………………………………… 229
- ⑨ 事実調査の実施 ……………………………………………………… 231
- ⑩ 調査結果の取りまとめと取扱い …………………………………… 235
- ⑪ 是正措置、再発防止策の策定と実施 ……………………………… 238
- ⑫ 関係者の処分、報償 ………………………………………………… 240
- ⑬ フォローアップについて …………………………………………… 243
- ⑭ 内部通報制度全般の問題点と
  今後の充実・活性化のための方策 ………………………………… 245

おわりに　250

カバーデザイン／鈴木弘（ビーエスエル）
本文DTP／一企画

第 1 章

内部通報制度の基本的しくみ

1 内部通報制度の定義・概念は
―― 内部告発との違いを認識しよう

❶ポイント
- ▶「内部通報制度」は、組織内の不祥事情報を組織内で共有するための制度
- ▶外部機関への通報である「内部告発」とは異なる
- ▶通常の業務ラインでは伝達されにくい不祥事情報のためのバイパスルート

✤「内部通報制度」とは？

内部通報制度とは、企業や団体において、法令違反や不正行為などのコンプライアンス違反事実、またはそのおそれ・疑いのある状況を知った者が、通常の業務ラインとは別に設けられた通報受理窓口（以下、単に「通報窓口」と言います）宛てにそれを通報するしくみのことを言います。言わば、バイパスルートへの通報です。

名称は「ヘルプライン」「ホットライン」「コンプライアンス相談室」など、組織によって様々です。また、制度利用者（誰が通報できるか）や通報対象となる内容案をどの範囲まで拡げるか、匿名での通報が可能か、通報窓口をどこに設けるかなどにより具体的な制度設計も異なってきます。

しかし、内部通報制度がコンプライアンス経営の維持・達成を目的とすること、組織の自浄作用を働かせる機能を持つことは、いかなる組織においても共通することです。

「内部通報」という用語は、広義にはこのバイパスルートのほか、直属の上司に対する報告・通報など、通常の業務ラインによる報告・通報を含む意味で用いられる場合もあります。これは企業や団体における当然の執務マニュアルであり、目新しいものではありません。

これに対し、バイパスルートを利用する内部通報制度は、企業のコンプ

ライアンス経営が強調されるようになった時代背景とともに採用されるようになった新しい制度です。

なぜ、この制度が必要であったか。それは、不祥事情報の場合は通常の業務ラインでは通報されにくい、つまり、その情報が管理職や経営陣に伝わりにくいという事情があるからです。もっとも、企業内で早期に情報共有できる限り、バイパスルートか通常の業務ラインかの違いはさほど重要ではありません。それより重要なのは「内部通報」と「内部告発」の違いです。

✣「内部告発」とどう違う？

企業などの不祥事ニュースが後を絶ちませんが、そうした不祥事がどのようにして明るみに出たのかは興味深いところです。

多くのケースにおいて「内部通報」ではなく「内部告発」により不祥事が明らかになっています。例えば、会社の業務上で法令違反行為が行われていることを従業員が知った場合を想定します。この従業員がその事態を周囲に訴えかける方策としては、まず自分が所属する部署の上司に報告するなど、通常の業務ライン上での対応があり得ます。

しかし、その上司が自ら法令違反に加担しているような場合、こうした通常の業務ライン上での対応によるのでは事態がもみ消されたり、報告を行った者が逆恨みされて、報復を受けるおそれもあります。

そのため、内部通報制度が導入されていない、あるいは導入されてはいるが十分に機能していない場合は、コンプライアンス違反を知った者がそれを訴えようとすれば、内部告発に踏み切ることになるでしょう。

報道された企業や団体の不祥事で、それが内部告発により発覚したものが少なくない理由がここにあるのです。

内部通報制度では、通常の業務ラインとは別のバイパスルートと言え、組織が自ら設けた通報窓口に宛てて通報が行われます。これに対して、「内部告発」では、外部機関に宛てて通報が行われます。監督官庁やマスメデ

ィアへの通報は「内部告発」です。

　両者は企業の不祥事が明るみに出るきっかけとなる点では共通ですが、組織に与える影響としては大いに異なります。

　内部通報は組織自身が設置した窓口への通報であり、通報時点では情報は組織内部にとどまっています。組織は内部通報がなされた後、速やかに事実関係を調査し、事態を自発的に公表することで、組織自体に自浄能力があり早期に対応していることをアピールできます。

　これに対して、内部告発は組織外部への通報です。監督官庁やマスメディアなどの外部機関から指摘があった後に調査を行ったり、改善策を講じたとしても到底自発的な行動とは言えず、自浄能力が乏しい組織とみなされてしまいます。その場合、組織は事実関係の把握、事後対応の検討ができないまま混乱に陥ります。また、組織としての見解をたびたび訂正するようなことがあれば、そうした対応のまずさ自体が組織の評価を損なってしまいます。

　内部告発が発覚のきっかけとなった不祥事の事例が目立つことからすると、内部通報制度は社会にまだ十分浸透していないようです。

　その背景には、内部通報制度を導入していない組織がまだまだ多く、あるいは制度としては導入しているものの、通報者が安心して利用できるようなしくみになっていない、組織内で周知徹底が図られていないといった理由から十分に機能していないといった事情があります。

　また、内部告発に先だって組織内部での報告や内部通報が行われていたケースが見られることにも注目すべきです。組織内部で指摘を行っても、もみ消されそうになったり放置されたりするのではないか、そうした不安からやむなく内部告発にいたることも多いのです。

✤ 公益通報者保護法

　このほか、「内部通報」と似た言葉に「公益通報」があります。

　公益通報者保護法は、従業員が公益目的の内部告発・内部通報を行った

ことを理由とする解雇を制限するなど、通報者の保護を定める法律です。同法は内部告発・内部通報の双方を対象としますが、この法律が適用されるケースは限定されており、保護として十分でないことには注意を要します。国民の身体、財産に関する犯罪事実に結びつくような法令違反などのケースに適用が限られています。

　しかし、公益通報者保護法の適用がないからといって、通報者に不利益を負わせてもよいということではありません。

　通報者の不安を払拭しなければ、内部通報制度は機能しません。そして内部通報制度が機能しなければ、違法・不正行為を早期発見できず、事態を深刻化させて組織自身も大きなダメージを受けるのです。

　通報者の不安を払拭することも、内部通報制度を機能させるうえで重要なポイントです。

　こうした点についても、本書の中で改めて取り上げていきます。

2 内部通報制度の目的と機能
―― コンプライアンス経営の"切り札"

> **❶ポイント**
> ▶内部通報制度はコンプライアンス経営の達成、維持を目的とする
> ▶内部通報制度は企業や団体の自浄能力を向上させる機能を持つ
> ▶内部通報制度は業務執行に対する監視・監査機能を持つ

✤ 通常の業務ラインと内部通報の違い

　内部通報制度の目的は、企業や団体（以下、典型的な場合として「会社」と表示します）の内部で違法行為や不正行為、またはそれと疑われる事実が発生したとき、その情報（不祥事情報）を会社が機敏に把握し、迅速に是正措置を講じるとともに再発防止策を講じることによって、コンプライアンス経営を達成、維持することにあります。

　会社のような組織においては、いつかどこかで違法・不正行為が発生することは避けられません。問題はそのこと自体より、それについて本人以外、誰も気がつかない、気がついても「見て見ぬふり」をして上司や会社にその情報を伝えない、上司や一部の者が情報を得てもその者らが保身のため、それを「握りつぶす」可能性があるという点にあります。

　日常業務において社員が身辺に違法・不正行為、またはそれと疑われる事実があることを察知したとき、通常は直属の上司にそれを報告、相談しなければなりません。これは「通常の業務ライン」における報告義務です。

　しかし、そうすることが現実的に困難な場合があります。例えば、上司自身が違法行為を行っている場合、上司やさらにその上司からの指示で行われている行為である場合、また報告を密告と曲解されてかえって冷たい目で見られ、逆恨みされるおそれがある場合などです。

そこで、通常の業務ラインとは別のルート、つまり社内のコンプライアンス担当部署や外部の弁護士などに通報窓口を設け、必要なときは通報窓口に問題の事実を通報できるようにしておけば、上記のような場合でもその通報窓口を通じて会社は不祥事等の情報を入手することができます。これがバイパスルートによる通報、つまり内部通報制度の機能です。

　内部通報制度は単に「利用できる制度」というだけではありません。身辺で問題を察知した社員は「通常の業務ライン」による報告・相談をしない（できない）のであれば、内部通報制度を利用して不祥事情報を会社に伝える義務があると言えます。
　もし、ある社員が「見て見ぬふり」をして何の行動もとらなかったために、後で大きな企業不祥事に発展したような場合、その社員は非難を免れないでしょう。

　内部通報制度の最大の機能は、現場から埋もれがちな不祥事情報をすくい上げるという点にあるのですが、単にそれだけではありません。その通報を受けたことを端緒として、実際に違法・不正行為があるのか、またその実態を調査、把握し、行為者を特定し、是正措置や行為者の処分につなげる、さらにその延長線上に再発防止策の策定にまでつなげることが期待されています。

✤ 自浄作用

　内部通報と内部告発の違いは前に述べたところですが、内部告発によって、いきなりマスコミや監督官庁、警察などに通報されて不祥事が表面化した場合、会社が被る信用失墜のダメージは甚大かつ深刻となります。
　できれば、まずは組織内で早い段階で問題を発見し、情報を共有し、内部の規律によって解決を図ることが好ましいのは言うまでもなく、そのうえで必要ならば外部に公表すべきなのです。
　このように、会社にコンプライアンス上の問題があっても、会社自身の

手で問題の発見から解決までをなし得る作用を「自浄作用」と言い、またその能力を「自浄能力」と言います。自浄作用が働くかどうかはその組織が健全に運営されているかどうかの重要なメルクマールです。

内部通報制度には、このような自浄作用のツールという重要な機能があります。

自浄作用が働かないで、内部告発や捜査機関の行動によって不祥事が世間に露見したときは、問題がすでに大きくなっていることもあり、厳しい社会的糾弾を受けることが必定です。過去に報じられた多くの企業や団体の不祥事の顛末を見れば、それが明らかです。

✤ 第4の監査部門

ところで、会社には業務執行を監視・監査するいくつかの機関があります。取締役の監視、監査役の監査、会計監査人の監査が代表的で、それぞれの立場で業務執行が適正に行われているかどうかを監視・監査するとともに、違法・不正行為を発見した場合はそれを会社に指摘してその是正を促します。

しかし日常的職場において、もし何らかの違法・不正行為が発生したとすれば、それをいち早く察知し、それについて情報提供（内部通報）できる立場にあるのは一般社員です。したがって、すべての社員が自分の身辺において違法・不正行為等を察知したときは、「見て見ぬふり」をせずに内部通報することによって、その解決（自浄作用）に寄与するという意識を持つことになれば、それ自体が有効な監視・監査機能の一端を担うことになります。

内部通報制度とそのスキームは、言わば「第4の監査部門」と言っても過言ではありません。

3 通報者の範囲は
――通報できる者・通報するべき者

ポイント

- ▶会社（関連会社を含む）の業務に従事する者、過去に従事した者
- ▶取締役や監査役は内部通報の受取人であり、通報者ではない
- ▶なりすましや虚偽の通報の防止策を考慮する

　内部通報制度を構築するに当たって検討すべき事項の1つとして、通報者をどの範囲までにするかという問題があります。

　内部通報制度はコンプライアンス経営の達成・維持を目的とし、会社の自浄作用を向上させる機能や業務執行に対する監視・監査機能を持つことを特色とします。これらの目的・機能に鑑みれば、組織内に違法・不正行為、あるいはその兆しなどがあった場合に、組織として可及的速やかにその事実を把握することが重要となります。

　したがって、それに関する情報源は多い方がその目的に適います。その点からは、通報者の範囲はできるだけ広くする方がベターということになります。

　まず、その会社の業務に従事するすべての者、すなわち、正社員だけでなく、契約社員、パート、アルバイト、派遣社員にまで拡げるべきです。

　社内報等によって内部通報制度について周知することのできる範囲も考慮する必要がありますが、上記の範囲内であれば問題ありません。

　関連会社・子会社の業務に従事する者についても同様に扱うべきです。

　退職者も、退職前にその会社の業務に従事し、社内の違法・不正行為を現認したことがあり得るので、通報者の範囲に含めるべきです。

✤ 社員の家族・親族、株主、取引先企業の関係者は？

では、社員の家族・親族・知人の場合はどうでしょうか。

また、株主はどうでしょうか。

さらには、取引先企業（下請会社を含む）の経営者や社員は通報者の範囲に含めるべきでしょうか。

このあたりになると会社の規模、業態によって一律に論じることはできません。ただ一応の判断基準としては、この制度の内容をそれらの対象者にまで周知徹底させることができるか（費用対効果の点も含めて）、また、（後述の匿名性とも関係しますが）会社と無関係な者が「なりすまし」によって、故意に虚偽事実を通報する危険性がどの程度あるかなどを考慮することになります。

ただし、パワーハラスメントやセクシャルハラスメント（以下、それぞれ「セクハラ」、「パワハラ」と言います）などの場合は例外的に、被害を受けた従業員・社員のほかにその家族・親族なども通報者の範囲に含めるという配慮が必要かもしれません。本人が精神的にダメージを受けており、冷静に事実関係を話すことができないなどの事情下にあり、また被害が切実な場合もあるからです。

✤ 会社の取締役・監査役は？

会社の取締役や監査役は内部通報の通報者ではありません。取締役等は通報の最終的な受取人であり、通報の内容を認識し、調査を経て是正措置や関係者の処分、対外的公表等を判断する主体です。

監査役もその取締役の業務執行を直接監査する立場であって、内部通報の通報者にはなり得ません。

取締役等は通報者に含まれないものの、もちろん取締役や監査役も違法・不正行為の行為者となることはあり得ます。したがって、内部通報の対象者（被通報者）となることはあります。

ちなみに、取締役や監査役で、内部通報の受取人でありながら、その情報を握りつぶしたり、隠蔽したりする場合もあり得ます。

企業や組織がそのような「経営者の違法行為」に対してどう対処すべきかは大きな問題ですが、それは内部通報制度のテーマを越えた問題で、本書の対象ではありません。

✤ 想定していない通報者はどう扱う？

ところで、企業がルール上、通報者の範囲に含めていない者から内部通報があった場合はどう扱うべきでしょうか。

虚偽事実の通報の危険性も考慮しなくてはなりませんが、通報内容が違法・不正行為などであれば、通報者の範囲に含まれていないという理由だけで門前払いすることは必ずしも適当とは思えません。

個人の誹謗中傷など、明らかに無視し得るものを除いて、それ自体はとりあえず受け付け、記録にもとどめるべきでしょう。以後の手順についても、一応の対応はすべきです。

✤ 違法行為者本人が通報者となる場合

ところで、違法・不正行為を行った社員本人が内部通報の動機を持つことがあります。自分が犯した、あるいは犯しつつある違法・不正行為について自ら内部通報を行おうとする動機です。単独で犯した場合だけではなく、自分が所属するグループぐるみで不正行為を行っている場合もあります。

独占禁止法には、「リニエンシー」と言って、談合などの違法行為を行った企業がその事実を自ら公取委に通報した場合は、事後の責任を減免されるという制度があります。また、刑法には自首は刑を減軽すると規定されています。

これらに倣って、自ら違法・不正行為について内部通報を行った場合は、事後の懲戒処分等において一定の減免を行う旨、ルール上約束するというしくみにするのです。現にこのようなルールを実施している企業もあります。

これによって、会社は迅速かつ正確に違法・不正行為の内容を把握する

ことができ、企業のダメージや対外的な信用を早期に食い止めることができます。そして通報した社員には、その功労を認めて一定の宥恕(ゆうじょ)を与えるのは好ましいことであると思われます。

4 部署内解決と内部通報
——上司への報告・相談が先決

▶不正行為等を察知した従業員等はまず上司に直接報告・相談するべき
▶その結果、部署内解決を図ることができる方が好ましい
▶それが期待できない場合の補完的制度が内部通報制度

　本書では、内部通報制度を、「企業や団体において、違法・不正行為を察知した従業員等が、通常の業務ラインとは別に設けられた通報窓口宛てにそれを通報するしくみ」と定義しています。

　しかし、そのような場面に直面した従業員等は決められた内部通報窓口に通報する前に、例えば、直属の上司に直接自分の知った事実を伝えて相談して、その部署内でしかるべき解決方法をとることもできます。

　これが、「通常の業務ラインによる報告・通報・相談」ということで、むしろ自然で好ましいやり方であり、内部通報制度よりこの方法がむしろ優先すべき原則的な情報の伝え方なのです。

　言い換えれば、内部通報制度は、「通常の業務ラインによる報告・通報・相談」が利用できない場合の補完的制度ということになります。

✣ 部署内解決すべき具体例

　具体的な例で説明しましょう。例えば、次のような状況があるとします。某会社の○○営業部△△販売課の社員Aは緊密な取引先甲社と癒着し、甲社に商品を販売するとき、通常価格より意図的に安く販売し、差額を甲社にプールさせ、それをAの飲食代などに充てていた（Aの行為は背任罪に当たる不正行為）。

　Aの同僚であるBはAがやっていることに気がついていた。ときどきお

相伴にあずかることもあった。

　この場合に、Bはどのような行動をとるべきでしょうか。
　Aの問題をいきなり内部通報窓口に通報するのは必ずしも適切ではありません。まずは、自分の直属の上司である課長に報告し、または相談することを考えるべきです。課長がそれを知れば、自分の管理監督責任の範囲内のこととして、速やかに問題の解決に当たるでしょう。また、自分だけで対処できないとか、問題の範囲が大きいと感じれば、さらにその上の上司（部長）に報告・通報・相談するはずです。
　これは通常の業務における管理監督または指揮命令のシステムと同じですが、不正行為発生時の対応においても、このシステムを機能させるのが基本です。
　もし、それが機能して問題解決につながれば、その部署の管理職と社員らが協力して、その部署内で発生した問題をその部署内で解決するということが可能になります。
　これが「部署内解決」ということです。

✤ 部署内解決が無理なとき

　しかし、この「部署内解決」が期待できない場合もあります。
　例えば、管理職と部下との信頼関係が欠如している場合、部下が直属の上司に報告・相談しようとしても、上司の方が事なかれ主義、かえって迷惑がる人物、取り合ってくれない人物であれば、部下はそのような上司に報告・相談はしないでしょう。
　また、上司自身が不正行為等を行っている、または関わっている可能性があるような場合もあります。さらに、その部署全体が不正行為を行おうとしている場合もあります（例えば、ノルマ達成のための架空取引など）。その場合でも、上司に向かって直接抗議、説得というやり方がないわけでもありません。通常は難しいかもしれませんが、直属の上司（課長）を飛ばして、その上の部長に直接報告・相談に行くという方法もあります。こ

れも「部署内解決」の範疇です。

このほか、上司に問題の報告・通報を行ったが、その上司が何ら問題解決の努力を払わず、他部門にも相談や報告をせずに、握りつぶすという場合もあり、この場合も「部署内解決」は達成されません。

✤ 部署内解決が本来のあるべき姿と認識するべき

「部署内解決」が達成できれば、内部通報は不要です。また、「部署内解決」が可能な部署（職場）は、問題発生に対して自浄能力があるという意味で、好ましい評価を受け、また、その前提となるコミュニケーションや人間関係の風通しのよさなどが高く評価されるはずです。

これは組織として非常に大切なことです。単に不正行為等の防止のためだけではなく、一致団結して事に当たれるという職場であれば、業績向上にも当然、その効果が現れるはずです。

できるだけ「部署内解決」を可能にするように、全社をあげて、日常的、継続的な努力を重ねることも必要です。とくに、職場環境を健全に維持する必要があります。風通しのよい職場、部署内社員間の信頼関係の構築、管理職の資質・能力やその教育などが重要です。

ところで、本書の目的は、「内部通報制度」の提唱・啓蒙であり、キーワードは「実効性のある内部通報制度の運用」ということでした。だからと言って、「部署内解決」を軽視して、どんな場合でも内部通報を利用するように奨励するものではありません。

逆に、「部署内解決」が本来のあるべき姿であると認識すべきであり、もしすべての職場でそれが可能であれば、その企業全体としても自浄能力が万全となり、不祥事により企業価値を毀損するリスクは大きく後退するということを理解すべきです。

「内部通報制度」は「部署内解決」が常時期待できることではないという現実を前提として、次のステップのセーフティネット（安全網）として用意されているものなのです。

5 内部通報窓口
——内部通報を受理するところ

>
> ▶内部通報窓口には社内窓口と社外窓口がある
> ▶できるだけ多くの通報を得るには内外両方に窓口を作るのがベスト
> ▶社外窓口（弁護士）には事前相談も可能

　内部通報制度の通報窓口には、企業や団体の内部に設ける「社内窓口」と、外部に設ける「社外窓口」があります。「内部窓口」や「外部窓口」という言い方もありますが、本書では「社内窓口」、「社外窓口」という呼称に統一します。

　以下では、主に企業の場合に限定して説明を進めます。

　まず、「社内窓口」ですが、これは直属の上司などの「通常の業務ライン」の窓口ではなく、それが利用しにくい場合に用意される「バイパスルート」として社内に設置される通報窓口です。

　他方、「社外窓口」とは、企業が自主的に社外に設置した通報窓口です。あくまで内部通報の通報窓口であり、「内部告発」の場合の警察などの窓口ではないので注意してください。

　「内部通報」と「内部告発」、また「内部通報」の場合の「社内窓口」と「社外窓口」、これらの呼称は混同されやすいので、正確に認識いただくようにお願いします。

　内部通報制度を設ける企業や団体では必ず単数または複数の通報窓口が設けられますが、そのパターンには、社内窓口のみを設ける会社、社外窓口のみを設ける会社、その両方を設ける会社という3パターンがあり、ど

れを選択するかは企業の判断に任されています。

　内閣府作成の「公益通報者保護法に関する民間事業者向けガイドライン」〔http//www.nibio.go.jp/information/protection/pdf/minkangaido.pdf〕によると、社外窓口を設けることが推奨されています。これは社内窓口のみでは好ましくないという趣旨です。

　また、本書の「はじめに」でも触れた消費者庁の「民間事業者における通報処理制度の実態調査報告書（平成22［2010］年度調査）」によれば、社内窓口のみが約41％、社外窓口のみは少数、両方の窓口が約52％となっています。大企業ほど両方の窓口を設けている割合が高くなっていると言えます。さらに、平成24［2012］年度調査によれば、社内窓口のみが約38％と減少し、両方の窓口が約55％と増加しています。

❖ 社内窓口

　社内窓口の場合、その設置部署は、総務部、法務部、人事労務部、監査役会、内部監査部、独立したコンプライアンス担当部署などです。

　それらの部署の具体的な個人が特定されている場合はほとんどないようですが、よほど大企業でない限り、設置部署がわかれば窓口の人物像もある程度見えています。ということは、その部署の雰囲気や担当者のキャラクターによって、通報がためらわれる場合もあれば、またその逆もあるようです。そして、前者の場合には社内窓口が敬遠され、社外窓口が選択されやすい、という現象も見られます。

❖ 社外窓口

　社外窓口は約70％が法律事務所（弁護士）で、それ以外では民間のコンサルティング会社です。

　また、セクハラやメンタルヘルスに関わる問題については、通常の通報窓口とは別個独立の社外窓口を設けている会社もあります。これらは内部通報としての対応に加えて、個人的カウンセリングという機能を期待している面があります。

通報窓口が法律事務所の場合、具体的な弁護士名も明らかにされているのが通常です。企業によっては、社内報などで写真まで掲載してその弁護士を積極的に紹介しているところもあります。内部通報制度の実効性を高める活性化には、その内容について社員に周知徹底することが不可欠ですが、窓口弁護士の紹介もその周知徹底の一環で重要なポイントです。
　社内窓口の担当者と同様、担当弁護士のキャラクター、資質、社員に与える印象なども、内部通報制度の活性化に影響を与える可能性があります。

　通報者が通報に当たり社内窓口と社外窓口のどちらを選択するかについてはいろいろな要素がありますが、比較的強い要素は「匿名性」、つまり通報者が自分の氏名、部署などを明らかにしたくないという願望の程度にあるようです。
　社外窓口の弁護士とは面識がないのが普通ですから、通報者を特定されにくいのです。また弁護士ですから、秘密を最大限に守ってくれるという安心感があるかもしれません。
　なお、通報者の匿名性に関しては、この第1章の第7項などで改めて詳しく解説します。

❖ 会社の顧問弁護士は適任か？

　社外窓口に当たる弁護士の人選に関し、多くの会社は従前の会社の顧問弁護士を当てていますが、あえて顧問弁護士以外から登用しようとする会社も相当あります。
　顧問弁護士は会社の状況を日頃からよく把握しているので、内部通報があったとき、同種の問題の過去における前例をも含めて問題の所在や深さ、事実調査を行う勘所などをある程度的確かつ迅速に判断できます。また、通報者としても、会社のことをよく知っている弁護士の方が、事前相談などを含めて対話しやすい、話が早いという気持ちで好感を抱く場合も多いようです。
　これに対し、顧問弁護士以外の弁護士を求める会社としては、通報者の

中には、顧問弁護士は会社やその経営者と一体感があり、通報者の秘密やプライバシーを十分尊重してくれないのではないかと危惧することがあるかもしれず、そのために内部通報に消極的になるとすれば好ましくない、という判断に基づいているのかもしれません。

どちらにも、それ相当の理由があります。

しかし、顧問弁護士が通報者の期待を裏切った過去があるような会社では、当然顧問弁護士を排除すべきでしょう。

また、通報者の指摘する問題点がそれに対する会社の見解と対立するような構図となるときは、弁護士は対立する両者から相談を受けてはならないという一般的ルールに則って、顧問弁護士はその任務を回避するべきです。

さらに、従前の顧問弁護士が内部通報制度について、十分な知見と経験、熱意を持っているとは限りません。そういう場合も、「餅は餅屋」の弁護士を求めることには合理性があります。

✤ 事前相談

また、通報者が社外窓口である弁護士に通報しようとする場合、その動機に、直接的通報だけではなく、弁護士に事前相談したいと期待していることが感じられます。つまり、通報者の職場において問題が発生していても、それが違法・不正行為かどうかの判断が通報者には困難な場合があります。そこで、窓口弁護士にまず相談してその判断を仰ぎ、それによって違法・不正となるのであれば内部通報として正式に取り扱ってほしい、そのような趣旨の通報が寄せられることが少なくありません。

筆者の経験では、そのほぼ半数は法律上違法・不正とは言えない事案であり、残りの半数は違法・不正の「疑いが強い」事案です。窓口弁護士としては、前者の場合は通報者も納得して正式な内部通報としては受理せず、法律相談のみ受けたものと処理します（社内窓口などを通じて、会社に報告はします）。後者の場合は正式な内部通報として事後の手続につなげていく措置をとります。

これは、厳密には内部通報制度の社外窓口としての機能とは言えませんが、一定の有益な機能を果たしていると思います。

✤ 企業グループの通報窓口

次に、企業グループの場合の通報窓口について説明します。

大企業の場合、多くの関連会社・子会社を持っています。しかし、それぞれすべてに内部通報窓口を設けることは、必ずしも必要でも適切でもありません。

そこで、グループ企業で共通の通報窓口（この場合は「社外窓口」となります）を設置する方法が考えられ、現実にそのような制度で運用している企業グループもあります。

しかし、関連会社と言っても強い独立性を持って経営されている企業もあり、同社の内部問題が内部通報制度を通じてすべて親会社や他のグループ企業に伝わるということに抵抗感がある場合も考えられます。したがって、共通の通報窓口を利用するか、自社独自の通報窓口（社内、社外を問わず）を設けるかは、各グループ企業の選択に任せるのが適切だと考えられます。

あるいは、中間的なしくみとして、グループ企業共通の通報窓口（社外窓口）のみを利用するが、通報受理後の窓口弁護士と対象企業との連絡や以後の進め方に関しては別々に進め、当事者会社の同意なしには親会社や他のグループ企業には情報が伝わらないようにする、という運用が考えられます。

6 内部通報の手段
──どういう手段で通報するか

❗ポイント
- ▶選択肢を多く用意するほど通報者には便利
- ▶メールによる通報が最も効率的
- ▶相談的通報の場合は電話が便利
- ▶原則をルール化し、弾力的運営をすることが好ましい

　内部通報制度を利用して内部通報をしようとする通報者が、どういう手段を使って通報窓口に通報するかという問題です。

　一般的に考えられる通報手段としては、メール、電話、手紙、FAX、面談などが考えられます。社内イントラネットに通報用の専用入力フォームを設けている企業もあります。

　消費者庁が2011年9月に76社の内部通報制度に関する内部規程を調査・分析したところによれば（「民間事業者における内部通報制度に係る規程集」〔http://www.caa.go.jp/planning/koueki/minkan/files/koueki_kiteisyu_Press.pdf〕）、多くの企業が複数の通報手段を設けており、最も多いのはメールとなっています。次いで電話が多いようです。

✤ メール

　メールによる通報は、通報者が利用しやすく、かつ通報者にとっても通報窓口にとっても事後の取扱いが便利な点で、最も推奨される通報手段です。

　メールの場合、通報者は伝えようとする事案を一応文章に整理するので、通報窓口の方でも理解が比較的容易という点でも効率的です。

　また匿名性の観点からも、通報者が新しく別に取得したメールアドレス

を使用するなどすれば、メールアドレスから直接的に通報者を特定することは容易でないことから、通報者の匿名希望も一応叶えられます。

　もっとも、インターネットの一般的リスクの一環として、メールの通信内容が第三者に傍受されたり、通報者の単純ミスで別の宛先に重大な情報を漏らす結果を招いたりするリスクも軽視できず、その観点からメールによる内部通報自体を禁止したり、そのリスク回避のための特別の措置（例えば、イントラネットの内部通報専用サイトを設けたり、内部通報専用のメールアドレスに送信させるなどの措置）をとる会社もあります。

❖ 電話

　電話による通報は、気軽さの点から、またメールを利用しない通報者の場合には便利だと言えます。

　ただ窓口側にとっては、あまりありがたい方法ではありません。受信の際の会話を周囲の者に聞かれないように、特別の場所や専用の受信回線を用意する必要も生じます。通報者が伝えたいことを整理せずに普通の会話調で話すと、通報の趣旨をくみ取るのに時間がかかることが多くなります。録音をとらなければならない場合もあり、その手間も装置も負担となります。

　また、通報者から匿名を希望されると、内部通報制度で想定されている通報者かどうか、無関係な第三者か、「なりすまし」ではないかなどを確認できず、対応に苦慮することもあります。1回目の電話の後、さらに補足的な質問や会話をしたいと思っても、それが困難なケースもあります。

　さらに、通報者にとっても、電話はメールに比べて匿名性に対する不安があります。声や口調から自分が特定される危険性があるからです。通話内容が窓口側で録音されていることもあるので、電話は匿名を希望する通報者には利用しにくい手段でもあります。

　一方、前述の「事前相談的通報」の場合は電話が便利なことがあります。社外窓口（弁護士）に通報する通報者の中には、通報よりもその前提とし

て弁護士への相談を希望していることがあり、その際は一般的な法律相談のごとく、一問一答で話を聞く方が目的を達成しやすいためです。

✜ 手紙・FAX・面談

　手紙（文書）による通報は、電話の欠点を補える反面、事後のやりとりをも手紙をもってせざるを得ない点において、双方にとって手間がかかりすぎます。

　FAXの場合、手紙の欠点を少し緩和できますが、専用回線を設けなければ担当者以外の目にも触れる可能性があるので、情報の機密性が確保しにくいという問題があります。

　直接面談による通報というのも、窓口側の対応の手間などの点でデメリットが多いので、ルール上は除外する方がよいと思います。

　ただし、いったんそれ以外の手段で通報内容を把握した後、事実関係等の調査の段階で面談を行うことは必要であり、有用です。

　内部通報の実効性を高める活性化という観点からは、通報の手段を限定せず、通報者が気軽に通報できる環境作りが好ましいとは言えますが、ルール上推奨される通報手段を提示しつつ、あとは必要に応じて個別、弾力的に対応するのがよいでしょう。

　例えば、電話による通報者に対してそれを受け付けないとして門前払いをする態度は適切ではありません。ひょっとすると、その企業にとって重大なコンプライアンス違反事象を通報しようとしているかもしれないのですから。

　内部通報制度が適切に機能するためには、通報者となる社員と通報窓口の間に常時、信頼関係があることが必要です。それがなければ、内部通報制度は実効性のある手段になりません。

7 通報者が匿名を希望する場合
――自分の氏名・勤務部署を明かしたくない

❶ポイント

▶通報を促進するためには匿名での通報も許容することが好ましい
▶匿名での通報に伴う弊害もある
▶顕名に不安を感じることのない職場環境と経営者に対する信頼が重要

　本書では「内部通報制度の活性化」がキーワードになっています。そのために、通報者の範囲、通報窓口、通報の手段、また後に解説する通報の内容・対象等において、できるだけ通報者が通報しやすいように、それぞれのハードルを低くする点に主眼を置いています。

　その延長上のテーマの1つが、通報者の「匿名性」の問題です。

　通報者が匿名、つまり自らの氏名や勤務部署を明らかにしないで内部通報することを許容するか、それとも顕名、つまり通報者の氏名等を明らかにして通報を行うことをルールとするか、という問題です。

　通報者としては匿名による通報を希望する場合が少なくありません。その動機や心情は理解できます。つまり、通報することによって個人的に得をすることはない（セクハラ、パワハラ等を除く）、逆に不本意にも何か不利益が及ぶおそれがある、少なくともそのリスクは避けたい、という思いを抱くのです。職場環境や企業体質が大いに関係するところですが、多くの人がそのように思っても無理はありません。

　しかし、そのような素朴な感情を尊重するあまり、匿名の通報も歓迎する、匿名通報が普通、ということになると、内部通報制度の実効性や効率的運用の面で少なからぬ不都合が出てきます。

❖ 匿名通報の問題点

匿名の通報には主として、次のような問題点が挙げられます。

① 通報者がルール上想定されている通報者の範囲に属する人物かどうか、まったく無関係な第三者が社員等になりすましているのではないか、という疑問を確認することができない。
② 事実に基づく真摯な通報であることが確認できない。
③ 通報内容に意味不明な部分や事実記載が不十分な場合、通報者に質問、確認する手段がない。
④ 事実調査の手段として通報者自身から事情を聞くこと（ヒアリング）ができず、またそれ以外の事実調査の手段について通報者の意見や協力を得られない。
⑤ 是正措置や再発防止の施策等について、通報者にフィードバックする手段がない。
⑥ 通報したことで、その後通報者自身が不利益を被っていないかを確認することが困難である。

以上の点から、内部通報制度を運用している企業の中には、匿名による通報は認めないと明示しているところもあります。

内部通報制度の適正、効率的運用という観点から、匿名より顕名の方が優れていることは明らかです。

しかし、内部通報制度の適正、効率的運用を重視するあまり、通報者の不安や危惧を無視してよいわけではありません。それでは、内部通報制度が形骸化し、そもそも利用されなくなるおそれがあります。

そのため、原則的に顕名で通報しなければならないとしても、通報者がそのことによって不利益を被る心配はない、関係者から逆恨みを受けたり、上司から疎まれたり、不本意な勤務評定や配置転換等のリスクが高まることはない、という安心感を通報者に与えることが必要となります。

✜ 社外窓口（弁護士）へは顕名、会社へは匿名

　通報者にそのような安心感を与える１つのアイデアが、「社外窓口（弁護士）へは顕名で、会社へは匿名で」という通報方法です。

　これは、（社外窓口が設けられている場合に限られますが）通報者は社外窓口（弁護士）に対して自分の氏名や職場を明示して通報する、しかし、弁護士が会社に対して通報の事実やその内容を連絡したり、調査や是正措置を要請したりする場合は、通報者の同意を得ない限り、通報者の氏名や職場を会社に対して明らかにしないというルールであり、多くの企業で現に採用されています。

　逆に言えば「社外窓口」は、このしくみを用いることにおいて最もその存在意義を発揮すると言ってもよいのです。

　また、もしこのルールが採用され、かつ厳格に守られるのであれば、通報者が匿名にこだわる合理的理由はないとも言えます。

　それでもなお、「社外窓口が会社に通報者の氏名等を明らかにしなくても、調査等の過程等において通報者探しが行われ、通報者が誰かを詮索される危険がなくなるとは言えない」という反論があるかもしれません。しかし、それははじめから匿名の通報にしたところで同じことですから、説得力ある反論とは言えません。

　上記ルールを採用する場合、社外窓口は当初の通報受理時において、まず通報者に対し匿名を希望するか否かを確認し、以後それに沿った対応をすることになります。通報者の匿名か顕名かの態度があいまいであれば、それを確認する義務は社外窓口にあると考えるべきです。

　例えば、会社名は明らかにしてもらってもよい（関連会社の場合）、営業所名までは言ってもらってもよい、所属の部名等は明かしてもらってもよい、等々です。

　弁護士は、職業上一般的な守秘義務を負い、日常的にも秘密事項の取り扱いに慣れています。そのため、通報者に安心感を与え、内部通報制度の適切な運用に貢献できる立場にあると言えます。

✤ 現実の対応

　なお、内部通報ルールが「顕名で」または「社外窓口（弁護士）へは顕名、会社へは匿名で」となっていても、それに反して、もし匿名の通報が寄せられた場合、窓口（社内窓口、社外窓口を問わず）はどのように対応するのが適当でしょうか。

　その通報が明らかに虚偽または不誠実なものと思われる場合でない限り、門前払いすることは適当でありません。そんなことをすれば、（わずかな確率であっても）企業は内部の重大な違法・不正行為を察知できる機会を自ら放棄することにもなりかねません。たとえルール違反の匿名通報であっても、一応は、手順に従った措置を、顕名の場合と同様に進めることが適当です。

✤ 匿名性の貫徹は困難

　ところで、上に述べた「社外窓口（弁護士）へは顕名で、会社へは匿名で」という内部通報を受けた場合、社外窓口（弁護士）は、もちろん通報者の匿名性を最大限に尊重するべきですが、通報者の周辺や会社において最後まで通報者が特定されないことまで保証し得るかというと、それは不可能です。

　通報受理後、事実調査などが行われる過程で、あるいは是正措置が講じられたり、関連する人事異動が行われたりする過程で、通報者の職場や関係者の間では何らかの形で通報者が想像され、推定され、そして特定されるに至ることは絶対ないとは言えないからです。

　そのため、通報者には早い段階で、このことを説明しておく必要（義務）があります。そして、それを誠意を持って通報者に説明したうえで、なお通報者が特定されないように努力を継続するべきです。

　また、それ以上に重要なことは、たとえ通報者が誰であるかを周辺の社員が知ることになっても、そのことから通報者が不利益を受けることがないように、ルール、しくみ、職場風土等を充実させることです。

　なお、これらの点については、次項においても詳しく解説します。

このような努力は、単に当該通報者の利益保護のためだけに行うものではありません。次に続く内部通報者が通報による不安、躊躇から解放されることにつながり、内部通報制度が活性化し、やがて社内で違法・不正行為が行われようとしても、周辺がそれを防止するための「見守り環境」が定着することにつながるからです。
　これが内部通報制度の究極の目的、「第4の監査部門」として、企業のコンプライアンス経営の有効な手段となっていくのです。

8 通報者が不利益を受けないための方策
——これが制度成功の決め手

❗ポイント
▶匿名性保持に配慮し、通報者探しや嫌がらせの禁止を徹底する
▶会社として通報者に不利益を与えないと宣言、保証する
▶「見て見ぬふりは許されない」という内部通報義務を明確にする

　内部通報を行う社員には、現実問題としてかなりの勇気が必要となります。自分が通報したことが周囲に知られないだろうか。知られれば、本来は筋違いであっても、同僚や上司、経営陣などから冷たい視線を向けられたり、嫌がらせを受けたりすることはないか、極端な話、経営陣の逆鱗に触れて左遷されたり、解雇を言い渡されるようなことはないか、などの不安が頭をよぎります。そういうことが内部通報を躊躇させる原因になるのは想像に難しくありません。

　たしかに、従来の日本の企業風土のもとではそのようなリスクがあることは否定できません。取締役会や一般的会議においても、同様の理由で批判的意見が出にくい傾向すらあるのですから。

　しかし、本書のテーマである「内部通報制度の活性化」の観点からは、それでは困ります。そのような社員の不安、躊躇を取り除いて、内部通報をやりやすくする必要があります。

　そのためには、この制度の運用や環境作りに様々な工夫、しくみを施さなければなりません。

✤ 通報者の不安・躊躇を取り除く方策
　以下では、そのためのいくつかの方策について解説します。

(1) 関係者全員が通報者の匿名性を尊重するために十分に配慮する

前項でも解説したように、内部通報制度の適切な運用という点からは匿名による通報は必ずしも好ましくはありません。しかし、内部通報を行おうとする人たちの中には匿名による通報、つまり、自分の氏名や勤務部署を明らかにしたくない、と思う人が少なくありません。

前項で述べた通報の方法、「社外窓口(弁護士)へは顕名で、会社へは匿名で」というルールもそういう観点から採用されたものの1つです。

しかし、それだけではなく、通報窓口の担当者はもちろん、その後事実調査等に当たる担当者等、この件に携わるすべての人々が、それぞれの過程でできる限り、通報者が特定されないような配慮を行うことが肝要で、そのことを制度上も明確にしておくことが必要です。

なお、事実調査過程でのアイデア、テクニックについては、後の項(第2章の第3・4・6項)でさらに詳しく解説します。

(2) 通報者探しを禁止するルールを明確にする

風通しの悪い職場、内部通報の原因を作るような職場においては、誰かが内部通報をしないかと猜疑心を抱き、過敏になっていることが少なくありません。そして、コンプライアンス担当部署などが調査を始めたりすると、自分の部署から内部通報があったためではないかなどと考え、躍起になってその通報者探しを始めるものです。

そういうことをさせないため、あらかじめその種の行為を禁止するようにし、それを制度上、ルール上、明確にしておく必要があります。

(3) 関係者に秘密保持の誓約書を提出させる

通報受理後、事実調査等が開始されますが、その段階でヒアリング等を担当する社員ならびにそれを受ける社員等に対して、調査が行われている事実、ヒアリング等が行われた事実などについて他言しないように指示し、必要と考えられるときはその旨の誓約書を取っておくことです。

これによって、通報者探しも阻止できるうえ、調査の過程での情報流出

を食い止める効果も期待できます。

(4) 「通報者に嫌がらせなどを行ってはならない」という規範を徹底する

通報者が誰かがわかると、周囲はその通報者に白い目を向けたり、会話を避けたり、ときにはもっと露骨にいじめ行為を行うことがときにあります。これは、職場の規律違反ですから、事前に、かつ明確にそれを禁止するとともに、管理職は自らもその自覚を持って、部下を指導、監督しなければなりません。そのような行為は、規律上も道徳的にも許されることではないという規範を職場で徹底させなければなりません。

(5) 会社として、「通報者に不利益を与えない」と宣言し、保証する

通報者に対するいじめや冷遇は、職場の限られた範囲だけで行われるとは限りません。会社ぐるみで、つまり会社の意思として、勤務評価を故意に下げたり、仕事を奪ったり、左遷したりすることもないわけではありません。

例えば、オリンパス事件では、長年裁判で争われた結果、会社のそのような行為があった事実とその責任が認定され、糾弾されました。

一部の例外を除き、多くの企業はコンプライアンス経営を目指しています。そして、そのために内部通報制度の活性化が必要なことも理解しています。そうであれば、制度が有効に機能するために、通報者が内部通報を行ったことによって不利益を受けることのないよう、会社として保証する姿勢を表明すべきです。

これがあれば、内部通報者の躊躇する気持ちを勇気に変えることができます。

ただし、会社が口先だけでなく、本気でこの方針を遂行しなければなりません。一度でも一人に対してでも、これを裏切る事態を招いたときは元の木阿弥となってしまい、社員は会社を信用しなくなります。そして、保身のために「得にならない」内部通報を敬遠するようになってしまいます。

(6) 社員に「内部通報義務」があることを明確にする

　すべての社員は、身辺に違法・不正行為またはそれと疑われる行為が行われていることを察知した場合、内部通報制度によってそれを内部通報しなければなりません。それをしないのは、「見て見ぬふり」を決め込んでいる態度にほかなりません。それは、社員として一般的規範に反することですから、そのことを明確に伝えるべきです。つまり、「見て見ぬふり」は許されない、というルールを明確にするのです。

　これが実行されると、副次的効果として、内部通報者に勇気を与えることにもなります。つまり、通報者は規範に従い、義務として通報したのであって、「密告」や「裏切り」などと呼ばれる筋合いはなく、それとなく感じている後ろめたさを払拭することができます。

　その結果、「内部通報制度の活性化」をより促進する原動力にもなります。

9 内部通報の内容・対象
──違法・不正行為またはそれと疑われる事実

❗ポイント
- ▶内部通報の活性化のためには通報の対象範囲を広くする方がよい
- ▶ただし、人事や経営方針に関する意見等は対象外
- ▶通報対象外の通報も冷淡に門前払いすることは避ける

　内部通報制度を設計するに当たって、どのような事柄を内部通報の内容・対象とするかという問題があります。

　内部通報制度の目的は、すでに述べたように、企業や団体内で違法・不正行為またはそれと疑われる事実が発生したとき、会社として機敏にその情報を把握するところにあります。この観点から、内部通報の内容・対象は、「企業や団体の中で発生した違法・不正行為またはそれと疑われる事実」ということになります。「何でもあり」というわけではありません。

　刑法犯罪、取引に関連するコンプライアンス違反、株主総会に関する違法行為、独占禁止法等の経済法違反、企業秘密の漏えい、労働基準法に違反する労務管理等、取引先から受ける度を越した接待など、明らかな法律違反から、社内規律違反、広義での不正行為、不適切行為と言える事実、さらに評価は明確ではなくても、そのように疑われる事実――それらが内部通報の内容・対象となります。

　それらの事実の発生場所や問題人物がどういう立場の社員であるかなどにも限定はありません。同じ部に所属する他の課で起こった事実も、まったく別の部署の社員が犯している不正行為も含まれます。部下、上司、管理職、役員など、役職や上下関係の限定もありません。

　関連会社、取引先等において起こった事実でも自社の業務に関係するも

のであれば、すべて内部通報の対象となります。

　通報の時点で「違法」、「不正」であるという確信があることは必要条件ではありません。最終的な評価は専門職や経営トップ、法律家などが行うことで、通報者には「その疑いがある」という認識だけで十分です。
　会社としての立場からも、より広い見地からコンプライアンス経営を目指すために、少しでも問題がある事実の情報がなるべく多く寄せられることが重要なのです。
　小さな不正行為等から、会社の経営を危うくするような重大な「企業不祥事」に発展した実例は過去にいくらもあります。要するに、その芽が早期に発見され、管理職や経営陣に速やかにその情報が伝わることが重要なのです。
　通報者の立場においても、内部通報制度の対象はできる限り緩やかに扱われる方が、通報することの躊躇や抵抗感を弱めることになり、それが内部通報の活性化につながります。

❖ 対象外とされる事項

　一方、会社の経営方針の当・不当に関する意見、人事に対する不満・非難、また仲間内や個人間の感情的争い事などは内部通報の対象になりません。
　例えば、赤字事業部門は撤退すべき、A氏は役員に不適格、配置人員が少なくて辛い、転勤は困る、Bさんが管理職になり自分がなれないのは納得いかない、同僚と揉め事があり仕事がやりづらいなどは、本来は内部通報の対象にはなりません。
　ただし、例えば「転勤は困る」と言っても、単に便利な大都会から離れたくないという主観的な願望である場合は別として、介護家族を抱え、その転勤で生活が破壊される、会社もそれを知りながら、かつ合理的な必要性もないのに転勤を命じているとすれば、これは看過できない問題を含んでいると言えます。

✤ パワハラ、セクハラに関する内部通報

　パワハラ、セクハラに関する被害者からの内部通報は一般的に多い部類に入りますが、そのすべてが本来の内部通報の対象範囲に入るとも言えません。

　1つの理由は、そもそもパワハラ、セクハラの定義自体が不明確であること（厚生労働省によるガイドライン等もありますが）、2つめの理由は、問題とされる言動の程度や状況、事情も内部通報の対象範囲に関係するということです。

　とくにパワハラについては、上司（管理職）による注意、指導、叱責等自体は日常的に行われていることで、上司の権限でもあり義務ですらあります。そのため、それが頻度、語調、内容（仕事そのものか人格攻撃的なものなのか）、他の社員に対する態度との差などにおいて、客観的にある限界を超えているかどうか、加えてそれを受ける側の主観的な事情等も総合的に考慮しないと、不当かどうかの判断はつきません。

　したがって、通報者側でもそれらの点について一応の考慮をすることが必要です。

　しかし、内部通報を考える段階で、通報者に客観的、正確な判断まで要求されているわけではありません。とりあえず内部通報をしてみる、それは認めるべきです。場合によっては事前相談を申し出る、という方法もあります。

✤ 現実の対応

　通報窓口においても、通報者に対し、軽々しく、また冷淡に「その内容は内部通報の対象外だ」として門前払いしたり、無視したりすることは避けるべきです。

　仮に内部通報の対象外の内容であっても、最大限その通報の趣旨をくみ取り、適切な対応を考えるべきです。通報者の希望に添えない場合でも、できる限り丁寧にその理由を説明し、通報者が我慢するべきか、通報者が別の方法で問題解決を図るべきか、会社の立場で何か是正できる余地はな

いかなど、お互いの立場を越えて話し合うという姿勢が双方に必要であるように思います。

　また、そのような通報に接したときでも、その通報者が通報したことにより不利益を受けることのないように配慮することはもちろん、内部通報制度を利用したこと自体を受容し敬意を表するぐらいの気持ちが内部通報制度の活性化に役立つものと考えられます。

　逆に冷淡な対応をすると、通報者を失望させたり、萎縮させたりして、その思いが職場に拡散し、内部通報制度の活性化を阻害することになりかねません。

Topic 10 内部通報の実際例

　過去に実際にあった、または実際にあり得る内部通報の具体例を以下に挙げてみましたので、内部通報制度の導入・運用を検討するに際し、参考にしていただければと思います。
　なお、関連する法律や、該当のおそれがある犯罪名を指摘できるところは角カッコ内に記載していますので適宜ご参照ください。

❖ 取引に関連するコンプライアンス違反
- 取引先から苦情を受けているのに何ら善処せず、上司に報告もしていない。
- 経理部（財務部）の社員がリスクの高い金融取引を行っている。
- 自社製品に欠陥があることを認識していながら、誰にも伝えない社員がいる。
- 取引先または消費者に対し、自社製品（またはサービス）の内容・品質について虚偽（または誇大）の説明を行っている。[景品表示法等]
- 請負工事に手抜きがあった。[建築基準法等]

❖ 株主総会関連
- 株主総会のために総会屋と接触している。[会社法]
- 株主総会で発言しないように株主に要請している。[会社法]
- 株主総会前という理由で、損失発生の事実の発表を先送りしようとしている。[会社法・金融商品取引法]

❖ 金融商品取引法関連
- インサイダー取引を行っている。

- ノルマ達成のため、取引先に対し「押し込み販売」を行っている。［独占禁止法も］
- 架空取引・循環取引による虚偽の売上を計上している、利益目標達成のため取引先に請求書の発行を遅らせるよう強要している。［下請法も］
- 仕事の関係者から入手した他社のインサイダー情報を取引先に伝えている。

✤ 独占禁止法・下請法関連

- 同業他社の社員とカルテル締結（または入札談合）の協議を行っている。［カルテル・談合］
- 取引先である販売業者に対し、所定の再販売価格を守らせるようにしている。［再販売価格維持行為］
- 取引上の優越的な地位を利用して、協賛金などの経済的な負担を負わせている。［優越的地位の濫用］
- 商品製造の委託代金を理由もなく減額させている。［下請法］
- 売れ残った商品を委託先に理由もなく返品している。［下請法］

✤ 不正競争防止法関連

- 競合他社に機密を漏えいしている。
- 会社の機密情報を不正な手段で得ようとしている。
- 情報を入手するために、ライバル社員の引き抜きをしようとしている。

✤ 犯罪その他の違法行為

- 業務に関し不適切不明瞭な経理処理がされている。［横領罪］
- 取引先（または下請先）と結託して、相手に不当な利益を与え、個人的にリベートを受け取っている。［詐欺罪・背任罪］
- 国または地方公共団体等から補助金を不正受給している。［詐欺罪］
- 行政機関からの許認可を不正な手段で取得している。［各種規制法］
- 無資格者なのに資格を要件とする業務に従事している。

[各種規制法・各種業法]
- 顧客情報を第三者に漏えいしている。［個人情報保護法］

✤ 労働関連
- 実態は派遣であるのに偽装請負関係を結んでいる。［労働者派遣法］
- 法定残業時間を超える残業の強要がある。［労働基準法］
- 残業時間の計算方法が間違っており、指摘しても是正されない。
  ［労働基準法］
- 法定休日に出勤をしても手当が出ず、振替休日も指定されない。
  ［労働基準法］
- 有給休暇の申請をしても受け付けてもらえない。［労働基準法］
- 会社の製品の購入を強要され代金を給与から引かれる。［労働基準法］
- タイムカードを押した後で仕事をしている。上司も黙認している。
  ［労働基準法］
- 残業が多すぎる社員がいて体調もよくないようである。いつか事故が起こるのではないかと危惧している。［安全配慮義務違反］
- 工場の作業場がきちんと整理されておらず、いつか事故が起こるのではないかと危惧している。［安全配慮義務違反］
- 上司の叱責が厳しすぎて、業務上の指導の域を超えている。
  ［不法行為・安全配慮義務違反］
- 部署内でいじめがある。上司は何もしてくれない。
  ［不法行為・安全配慮義務違反］
- 上司が出入り業者の女性に対し、セクハラをしている。
  ［不法行為・安全配慮義務違反］
- 体調不良で欠勤遅刻が多い人に対し、上司が単に厳しく叱責して追い詰めて体調を悪化させているように見える。
  ［不法行為・安全配慮義務違反］

✣ その他の不正、不適切な行為

- 社員が勤務時間中、私用のために不相当な時間を費やしている。
- 禁止されている兼業を行い、副収入を得ている。
- 仕事中にまたは仕事外で、しつこく宗教、サイドビジネスの勧誘をする人がいる。
- 会社のパソコンで業務に関係のないサイトを頻繁に見ている人がいる。
- フェイスブックに社名がわかる形で会社の悪口を書いている人がいる。
- 会社の物品を私用のために持ち帰っている。
- 社内禁煙場所で喫煙している。
- 勤務時間中はサボっているのに、定時を過ぎてから残業している。
- 得意先の担当者に対する接待が節度を超えている。
- 原材料などの仕入先担当者からの接待が節度を超えている。
- 違法・不正行為があることの報告を受けたのに、何もせずに握りつぶしている。
- 内部監査室（または監査役）の調査に対し虚偽の説明を行っている。
- 職場の同僚から、しつこくつきまとわれて困っている。
- 宴会の席で酒を強要される。
- 勤務時間中、消費者金融業者から頻繁に電話がかかってくる。

11 社員等に対する制度の説明・周知
―― これがなければ始まらない

❶ポイント
▶内部通報制度の活性化のためには社員への説明、周知徹底が不可欠
▶その際、経営トップの強いメッセージが効果的
▶社内報、イントラネット、小冊子・携帯カードの配布、研修等によって周知を図る

　内部通報制度を活性化させるには、この制度の存在、内容、利用方法などを社員等に周知することが不可欠です。つまり、社内広報がこの制度の成否に大きく影響します。

　現在、内部通報制度が一般的にまだ十分に活性化していないのは、社員等に対する周知徹底が不十分であるところに大きな原因があると思われます。つまり、多くの企業において、社員はそういう制度の存在自体も、またそれを利用するように要請されているという自覚もほとんどない、というのが現実のようです。

✚ 周知の対象

　まず、内部通報制度を周知する対象ですが、直接的には内部通報の通報者となり得る社員等、つまり潜在的利用者のすべてです。

　契約社員・派遣社員・パート従業員・アルバイトなどは通常その対象者に含まれます。関連会社社員や下請・取引先業者にまで及ぶかどうかは、その会社の制度設計によります。

　また、利用者に対する周知と対外的な広報の両方を兼ねるような活動も大いに意味を持つものです。会社が内部通報制度の活性化という目標を持っており、それに積極的に取り組んでいることを会社の内外に広報するの

は、コンプライアンス経営を標榜する企業であればなおさらのこと、大いなる宣伝になります。

✜ 周知の内容

次に周知すべき内容ですが、具体的な利用マニュアル的なもののほか、とくに重要なのが経営トップのこの制度に対する姿勢です。

コンプライアンス経営にとって、この制度がいかに重要であるかについて、全社員にその自覚を促し、積極的に利用することを訴えるメッセージが経営トップから発せられることが重要です。

そして、さらに次の２点が表明されれば、その会社の内部通報制度は活性化し、コンプライアンス経営に大きく寄与することになると思います。

① 社員が不正行為等に気がついているのに「知らぬふり」や「見て見ぬふり」をすることは絶対に許さないこと。
② 内部通報を行った者について「通報者探し」をすることを禁じ、通報者がわかったとしても、その社員に対する嫌がらせ、いじめ等を禁じ、会社としてもその社員に対して減点評価、意に沿わない転勤、解雇等を行わないこと。

次に、社員が不正行為等に気づいたときは、いつでも内部通報が実行できるよう、その具体的方法、宛先、匿名の是非などを周知することが重要です。

社内窓口については、部署、メールアドレス、電話番号などを周知します。社外窓口（弁護士）については、事務所名、所在地、メールアドレス、電話番号、弁護士のプロフィールなどを周知します。社外窓口である弁護士の顔写真や談話などを掲載している実例もあり、有効です。内部通報を受ける弁護士がどのような人物なのかを知らせることができれば、安心感を与えることもできます。

❖ 周知の方法

　周知する方法としては、社内報等の配布文書、イントラネットによる伝達等があります。これらは一度や二度ではなく、繰り返し発信することが重要です。

　また、内部通報制度の上記要点を記した携帯用カードを作成し、これを配布するという周知方法もあります。会社によっては、「コンプライアンス規範」を設けている場合もあり、併せて「コンプライアンスカード」として社員に携帯させるのも効果的です。内部通報を思い立ったときにアクションをとることを促進させる効果があります。

　社員等を対象に内部通報制度に関する研修（ｅラーニングを含む）を行うのも有用です。その講師としては法務部員のほか、コンプライアンス部門担当者や社外窓口を担当する弁護士が適当です。

　弁護士は、法律問題についての解説も可能であり、また実際に経験した他社の内部通報の情報を（もちろん、守秘義務の範囲内で）提供することもできます。また、こういう機会に社外窓口の弁護士が実際の顔を見せることは、敷居が高いという感覚を緩和し、弁護士や内部通報制度に対し親近感を持ってもらう点からも有効です。

　研修や情報提供は定期的に行い、またその内容をイントラネットなどで常時閲覧できるようにしておくのが望ましく、またわかりやすい小冊子にまとめて配布するのも役立ちます。

　このように、内部通報の積極的利用をメッセージで促すのみならず、社員等の立場から見て、使い勝手のよい制度となるよう工夫を重ねることにより、コンプライアンス経営を真摯に目指すことの「本気度合い」が社員等に伝わるでしょう。

12 内部通報は社員の義務か
―― 法的義務でなくても道義的義務

❶ポイント
- ▶「見て見ぬふり」は共犯者と同じ
- ▶通報しなかったことで懲戒処分に処せられるか
- ▶「見守り環境」がコンプライアンス経営を実現させる
- ▶不正行為等の情報の上司による「握りつぶし」は許さない

　内部通報制度を導入する会社は大きく増加しましたが、その取り組む姿勢にはかなり温度差があるようです。それは、この制度について会社が発しているメッセージのニュアンスにも表れています。

✣ 内部通報制度に対する会社の姿勢

　例えば、「通報することができる」という表現がありますが、これでは利用者側にとって、会社が通報を「ウェルカム（歓迎）」と考えているのかどうかわかりません。むしろ会社の本音は利用してほしくないと思っているのではないかと想像したりします。

　次に、「通報すべきである」という表現があります。これは上の表現よりも通報を促している積極性が感じられますが、その実質・実体は、実際に利用しやすいしくみになっているかどうかによります。通報の内容や手段を制限し、匿名を許さず、社外窓口（弁護士）を設けない、というようなハードルの高いしくみであれば、潜在的な通報者の通報意欲は消極的にならざるを得ません。

　最も強い表現としては、「違法・不正行為を発見したときは通報すべきであり、通報することが社員の義務である」というメッセージが考えられます。現在そのようなメッセージを発している会社は多くありませんが、

最近増加しつつあります。

　会社や組織の内部では、違法・不正行為が多かれ少なかれ必ず発生します。そのため、就業規則その他で諸規定を設け、内部監査室や監査役（取締役）、また多くの管理職が監査・監視・監督機能を果たしています。しかし、大きな組織、多くの人間がいる職場では、それだけで水も漏らさぬ監視機能を果たせるわけではありません。

　他方、もし誰かが不正行為等を行っていたとすると、その部署または近隣部署の社員の誰かがそれに気がつくのは珍しいことではありません。むしろ、必ず誰かは気がついている、と言っても過言ではありません。

　そうであれば、会社としては、そういう社員が進んでその情報をその部署やしかるべき部署に提供するように啓蒙すべきであり、内部通報制度の積極的な利用を促すべきです。

　内部通報はウェルカムであるという程度の消極的姿勢ではなく、より強い、積極的なメッセージを発する必要があるのです。

✤ 不正行為を知った社員等の対応

　次に、社員側の立場で考えてみましょう。

　社員は、ときに同僚社員や上司が不正行為を行っていることを知り得る立場にあります。場合によっては、ある部署が組織ぐるみで行っていることを外から見てとれるケースもあります（経理部による会計操作など）。

　その社員は、事実を知った以上、それについて「知らぬふり」、「見て見ぬふり」の態度をとるべきではありません。それでは、その不正行為や隠蔽工作に間接的に協力したことになります。自身も関与した場合は共犯として扱われる可能性もあります。

　それによって、法律上、就業規則上または道義上どのような制裁を受けるかは別にして、何らかの非難の対象になることは間違いありません。

　そこで、何はともあれ、直属の上司に事実を報告するなどして、まずは

「部署内解決」に努力すべきです。そして、それができないか奏功しなかった場合に、その社員は内部通報を行うべきかどうかの決断を迫られることになります。

前にも述べたように、内部通報を行うのは現実問題として少々勇気が必要です。

そのときに問題となるのが、日頃から会社や経営者から社員に伝わっている内部通報を促す姿勢、熱意、本気度です。それによって、その社員が内部通報をするかどうかの動機づけが違ってきます。

「内部通報することが望ましい」というレベルか、「内部通報すべきである」というレベルか、「内部通報することが社員の義務である」というレベルか、という違いです。

決断を迫られた社員はこれらを思い巡らし、考慮したうえで自分の行動を決めようとします。

✚ コンプライアンス経営に不可欠の条件

どのような判断に傾くかは、実行されなかった場合の制裁とも関係します。前の2つの表現(「望ましい」「すべきである」)は、言わば道義的な要請ですから、制裁までは想定されていません。「義務である」とする場合は、義務を実行しなかった場合の何らかの制裁があるかもしれません(「義務だが制裁はない」というルールも社会には少なからずありますが)。

制裁の点はさておき、社員が上のような状況に立ったとき、内部通報を実行する方向に彼の背中を押すインセンティブが働くような制度、あるいは会社の雰囲気があることが好ましいと言えます。

ここで、消極的になり、「見て見ぬふり」を決め込むという態度が選択され、それによって、違法・不正行為が継続されるという成り行きになれば、会社のコンプライアンス体制に欠陥があると言わざるを得ません。

その観点から、(制裁の問題は別として)少なくとも内部通報が要請する程度としては、「望ましい」とか、「べきである」というレベルを超えて、

「義務である」というレベルにするべきではないでしょうか。

　会社の不正行為や企業不祥事を防止するためには、監査部門や管理監督者等に任せるだけでは不十分で、すべての社員がどこかに不正行為の種がないかについて常に注意を払い、もし気がついたときは、内部通報制度等を利用して、その解決のために一定の役割を果たす、これがコンプライアンス経営に不可欠の条件だと思います。

　ところで、内部通報に対する抵抗感の1つに、「密告」、「告げ口」、「ちくり」などの言葉から連想される何となく後ろめたい心情があります。
　この点からも、もし「内部通報は義務である」という規範、観念が定着すれば、通報者のこのような感情的抵抗感を除去することに役立ちます。なぜなら、通報者は「義務とされているから通報する。義務なのだから当然」と考えるようになり、周囲もその行動を非難する理由を失うからです。

✤ 兵庫県小野市のケース

　ちなみに、2013年3月、兵庫県小野市で「福祉給付制度適正化条例」が制定されました。これは、生活保護費の不正受給等を防止するため、市民全員に対しその監視への協力と情報提供を求めたものです。ここで注目すべきは、これを単に市民に対するお願いではなく、条例をもって「市民の責務」（責務と義務はほぼ同じ）と定めた点です。ただし、違反の場合の制裁（罰則）はありません。

✤ 上司の「握りつぶし」

　通報義務に関し、もう1つ重要な問題点があります。
　それは、職場の不正行為等を察知した第一発見者が直属の上司などにそのことを報告・相談したにもかかわらず、上司たる管理職がそれを「握りつぶす」場合があるということです。
　企業や組織のいわゆる不祥事を検証していると、このようなケースが認められることが少なくありません。

通報義務のある末端の担当者が、「見て見ぬふり」の態度をとったことに制裁を加えるのは酷であるとしても、この場合の管理職を許すことはできないのではないでしょうか。

　情報をキャッチした管理職としては、直ちに自ら行為者に注意し、説得や教育を施して事態を改善する義務があります。
　それと合わせて、よほど軽微な事柄を除き、上長や他の管理部門に通報し、それが困難な場合は内部通報制度を利用するなどして、その情報を会社として共有するための行動をとる義務があると言えます。

　管理職が不祥事情報を得たにもかかわらず、それを握りつぶして、その状態の是正や改善に努力しようとしない理由には、次のようなことが考えられます。

① 「軽微な事柄だ」、「報告者の思い過ごしだ」などと独り合点し、軽視ないし無視する。
② もし上の役職者や会社に知れると、自分の管理責任を咎められるので、できれば内密にしたい。
③ 問題の行為には自分も関与しているので、可能な限り内密にしたい。
④ 自分が内部通報者となることで、行為者に逆恨みされたくない。
⑤ 小規模の営業所や工場の管理職で、報告・相談できる適当な上長がいない。かといって、内部通報制度を利用する勇気もない。

　このような動機で、情報提供者に対して、「問題人物には私が注意する」とか、事実でないのに、「上に報告してあるから」とか、「上からまだ指示がない」などと言って時間稼ぎをし、または故意に放置するのです。
　また悪質な場合は、その情報提供者に口止めをしたり、「他の者に情報を漏らしたときは承知しない」などと脅すこともあります。さらに、その部下を「厄介払い」するために、他の部署に異動させる画策をするような

場合もあります。

　このような管理職は「見て見ぬふり」をしている社員より、はるかに罪が重いと言えます。
　後日、大きな企業不祥事に発展した場合はもちろん、そうはならなくても、このような管理職の不適切な行為に対しては、会社としてしかるべき厳しい制裁や懲戒処分を想定しなければなりません。

Topic 13 内部通報制度の普及状況
── 消費者庁報告書から

❗ポイント
▶大企業だけでなく、中小企業も内部通報制度を導入するべき
▶通報ゼロ件は制度の形骸化を疑うべき
▶制度を導入するだけでなく、実効性のある制度にすることが大事

　ここまで内部通報制度の総論的な説明をしてきましたが、ここで、日本における最近の本制度の普及状況を見てみましょう。
　消費者庁は2013年6月25日に「公益通報者保護制度に関する実態調査報告書」を公表しました。報告書によると、アンケートに回答した3,624社のうち内部通報制度を導入している企業は46.3％であったとのことです。
　企業の規模ごとに見ていくと、従業員数3,000人超の企業では96.8％、従業員数1,000人超3,000人以内の企業では84.5％が内部通報制度を導入しているとの調査結果でした。
　このことから、大企業を中心として内部通報制度の導入が進んでいることがうかがわれます。

❖ 中小企業も内部通報制度を導入するべき
　一方、従業員数50人超100人以内の企業では内部通報制度の導入率は22％、従業員数50人以内の企業では導入率は10％とのことでした。
　小規模な企業における内部通報制度の導入率としては意外と高い数値になっているようにも見受けられますが、やはり大企業ほどには中小企業では内部通報制度が普及していないと言えます。
　しかし、中小企業においても内部通報制度は検討されるべきです。
　コンプライアンス体制の一環として内部通報制度を導入することは、取

引先に対するアピールにもなります。大企業や自治体などは発注先に対しても、一定のコンプライアンス体制の構築を要求するケースが少なくありません。

コスト負担の観点も無視できませんが、例えば複数企業で共同の通報窓口を設ければ、コストを抑えることができます。協同組合などの中小企業団体が弁護士事務所に依頼して通報窓口を設置する方策もあります。このアイデアはぜひ検討してみてください。

✜ 通報ゼロ件は喜ぶべきではない

すでに内部通報制度を導入している企業については、どのようなことが言えるでしょうか。

内部通報制度を導入済みの企業1,677社のうち最近1年間における実際の通報件数が「ゼロ件」と回答した企業が45.9％に上るとのことです。

これは、今回の調査結果の中で、最も重大と考えられるポイントです。

通報ゼロ件であることは単純に喜ぶべきことではありません。それは不正がないことを意味するのでは決してなく、内部通報制度が形骸化して機能していないことを意味しています。

思い返してみても、報道されるような重大な不祥事の事案は、多くが内部告発によって発覚しており、内部通報制度が機能していなかったことをうかがわせます。

防衛省への架空請求が問題となった三菱電機では十数年前から内部通報制度を導入していたものの、防衛省から問い合わせを受けるまで架空請求問題を把握できていませんでした。

内部通報制度が形骸化していることについて、定時株主総会で株主からも指摘があったとのことです。内部通報制度の形骸化については同社としても無視できなかったようで、架空請求事件に関する調査報告書の中でこの点に言及するくだりが見られます。

三菱電機のような、いわゆる大企業にあって内部通報制度を導入しない・

廃止するということは現実的な選択肢としてあり得ませんが、制度を導入するだけで機能しないままにしていると、かえってマイナス評価につながってしまうのです。

❖ 実効性のある内部通報制度にすることが大事

　大企業を中心として、内部通報制度はそれなりの割合で導入されるようになってきています。

　また、新たに内部通報制度の導入を決める企業、団体も増えています。例えば、問題が相次いでいた全日本柔道連盟は、改革の一環として内部通報制度を導入することを公表しました。

　しかし、制度の導入はもちろん必要ですが、その先の課題として「実効性あるものとすること」こそが大事なのです。この点について私たちの経験、知識を読者の皆さまにお伝えしようとするのが本書の目的です。

Topic 14 内部通報制度とコーポレートガバナンス・コード

❗ポイント

▶ガバナンス・コードは内部通報の体制整備や運用状況の監督を要求
▶どのような体制や運用がふさわしいかは各社の判断に委ねられている
▶ただし、経営陣から独立した通報窓口の設置は必要
▶ジャスダックやマザーズに上場する企業も上記各点について同様に考えるべき

　金融庁は2015年3月、「コーポレートガバナンス・コード」の原案を公表し、東京証券取引所はこれを受けて実質的に同内容のコードを策定しました。そして、「有価証券上場規程」に所定の改正を行う形で、同年6月1日から「コーポレートガバナンス・コード」〔「コーポレトガバナンス・コードの基本的な考え方（コーポレートガバナンス・コード原案）」、http://www.fsa.go.jp/news/26/sonota/20150305-1/04.pdf〕として施行されています。

✤ コーポレートガバナンス・コードの内部通報制度に関する要求

　コーポレートガバナンス・コードでは、内部通報制度に関連しても上場企業にいくつかの点を要求しています。
　まず、コードの原則2−5は、前段で、従業員などが不利益を恐れずに通報できるように、また、通報内容が客観的に検証され適切に活用されるように、内部通報の体制整備を行うことを求めています。
　同原則後段では、取締役会に対し、そうした体制整備を行うことに加えて、内部通報制度の運用状況の監督を行うことを求めています。
　また、前段の体制整備に関連して、補充原則2−5①では、経営陣から独立した通報窓口を設けることなどを求め、例として、社外取締役と監査役の合議体を通報窓口とすることを挙げています。

上場企業はコーポレートガバナンス・コードが求める事項を遵守するか、そうでない場合にはその理由を開示すべきとされています。近年よく言われる「コンプライ・オア・エクスプレイン」です。

　また、プリンシプル・アプローチの建前のもとで、何をもって「コンプライ」と位置づけるかは、第一義的には各社がそれぞれの個別事情を踏まえて解釈すべきとしています。

　内部通報の体制整備に関し、例えば通報者の範囲をどこまでとするか、匿名の通報をいかに扱うかなどの論点について、コーポレートガバナンス・コードは単一の回答を強制するものではなく、各社がそれぞれ自社にふさわしい体制とすればよいということになります。

　ただし、補充原則により、経営陣から独立した通報窓口の設置は必要となります。例として、社外取締役と監査役の合議体が挙げられていますが、そうした体制が必須ということではなく、法律事務所を外部窓口とするなどの方策もとり得ると解説されています。

　法律事務所を外部窓口とする場合に、顧問弁護士に兼務させるか、顧問以外の法律事務所を採用するかという検討事項もありますが、これについても各社の判断ということになるでしょう。

❖ 内部通報制度活性化のチャンス

　内部通報制度に関するコーポレートガバナンス・コードの要求事項は、内容自体として新規なものではありません。

　しかし、改めて、内部通報制度が上場企業にとって必須であること、また体制整備だけでなく、その運用状況の監督も取締役会に求められることを明文のルールとして宣言した点には大きな意義があります。

　内部通報制度の導入は多くの企業で一定程度は進んでいるものの、残念ながらその制度の機能が十分に果たされているとは言えず、そのために企業として不正行為等の早期発見のチャンスを逃したと見られるケースが後を断ちません。

　コーポレートガバナンス・コードの施行は、内部通報制度を活性化させ、

いかに実効性があるものとして活用するか、改めて考えてみるべき好機であると言えます。

　なお、ジャスダック、マザーズに上場する企業については、コーポレートガバナンス・コードの適用範囲は基本原則部分のみと限定されています。
　しかし、上記で見た内容が直接的には適用されないとはいえ、上場会社において内部通報制度がかなりの程度まで普及している状況を考慮すると、ジャスダック、マザーズ上場企業であっても本則市場の上場企業に準じて内部通報制度の体制整備や運用状況の監督などが求められていると捉えるべきでしょう。

第2章

内部通報制度における具体的対応

1 社外窓口(弁護士)が内部通報を受けたとき
──通報者との対話

❗ポイント
▶社外窓口(弁護士)は通報者の事前相談に応じることがある
▶会社に報告する前に、通報者と会話し、意向を聞き、それを尊重する
▶会社に通報を受理したことを報告し、そのことを通報者にも報告する

　ここからは、内部通報があったときの窓口対応から是正措置完了まで、それぞれの手続の流れに沿って解説します。
　まず、内部通報を受理したとき、通報窓口はどのように対応すべきか、という問題です。
　通報窓口には社内窓口と社外窓口(弁護士)がありますが、ここではまず社外窓口(弁護士)の対応について、次項で社内窓口の対応について述べます。

✣ 社外窓口(弁護士)の対応
(1) 事前相談を受けたときの対応
　前にも述べたように、社外窓口(弁護士)の場合、内部通報として正式に受理する前に、通報者から事前相談を(メールまたは電話で)受けることがあります。
　ルールの形式上、そのことを明記しているケースはあまり見かけませんが、社外窓口、とくに弁護士がそれを担当する場合は、当然そのような弾力的な運用がなされるべきだと考えます。
　通報者としては、自分が今、問題意識を持っていることが「違法または不正行為」と言えるのか、それとも客観的に何ら問題にならないことなのか、正直わからない、という場合があります。また、その問題について内

部通報することが適当なのか、それ以外の解決方法が望ましいのか悩んでいるという場合もあります。

　そのような場合、社外窓口たる弁護士は公平中立の立場にあり、法律判断もできるし匿名も尊重することから、まずその弁護士と相談してから、正式な内部通報として提出するかどうかを決めたいという気持ちを持つのは通報者にとって自然なことです。

　社外窓口の弁護士は、それに対して意見を述べたり、アドバイスしたりします。通報者は、それを聞いたうえで、不正行為等には当たらないと納得して内部通報をしないか、正式に内部通報として受理してほしいと申し出るかの判断をすることになります。

(2) 内部通報として受理したときの対応

　社外窓口（弁護士）に寄せられる内部通報は、社外窓口（弁護士）に対しては、勤務部署、氏名、連絡先等を明らかにする一方（顕名）、社外窓口（弁護士）から会社に対しては匿名にしてもらいたい（これを「会社への匿名」と呼びます）、というケースがほとんどです。

　会社に対しても顕名でよい場合は、会社の社内窓口に直接通報すればよく（外部弁護士の方がモノが言いやすいという側面はありますが）、逆に一貫して匿名にしたいのであれば、やはり社内窓口に「匿名通報」として通報すればよいからです。

　社外窓口（弁護士）が通報を受け取ると（通常はメールで）、できるだけ早く通報者に最初の連絡を（これも通常はメールで）入れます。そこで通報者に伝える内容としては、以下のようなことが挙げられます。

① 内部通報として受理したこと。受理しない場合はその旨。
　受理しない場合とは、前述の事前相談だけで終わった場合や、通報内容がルール上、対象外の場合（例えば、上司に対する個人的中傷や経営方針に対する意見など）です。
② 通報を受けた事実とその内容を速やかに会社（社内窓口）に報告し、

事実調査を要請すること。その際、「会社への匿名」を遵守すること。
③　問題となる部署や人物等の情報は会社に伝えざるを得ないので、それを了解してもらいたいこと。また、伝えないでほしいことがあれば事前に明示しておいてほしいこと。
④　今後の事実調査や是正措置は会社の社内窓口（内部通報事務局）が中心となって実施され、社外窓口（弁護士）は随時その経過について報告を受け、また意見を述べること。
⑤　事実調査に当たっては、それが内部通報に基づくものであることや、通報者が誰であるかなどが極力周囲に悟られないように進めるが、噂や邪推を含め100％阻止するとの保証はできないこと。

　以上は社外窓口から通報者に対するアナウンスですが、これに引き続き、あるいはその後できるだけ早い時期に、通報者との間で通報内容に関する対話を、メールの交信または電話などで行います。それは、通報内容に関して詳細かつ正しく理解するためにする、言わば通報者からのはじめの段階の「聞き取り調査」ということです。

✤ 社外窓口（弁護士）から会社（社内窓口）への報告

　その後、社外窓口（弁護士）は会社（社内窓口）に対し、「内部通報受理報告書」を提出します。
　「会社への匿名」希望の場合は、「通報者　A氏（匿名希望）」と記載し、部署名は通報者の意向によって、具体的に記載したり、その上部組織を記載したりします。
　通報内容（つまり問題事象）については、通報者から聞いたまま伝えることもありますし、（とくに「会社へは匿名」の場合）一部を伏せて、あるいは抽象的な表現にぼかして伝えることもあります。
　いずれにしても、聞き取りした内容も含めて、事実関係及び問題点を整理して報告し、また事実調査の要否や調査方法等についての意見等を付記します。

通報者から関連資料が提供される場合もありますが、それも全部会社に引き渡す場合、説明だけをして現物は提供しない場合など、取扱いは一律でありません。問題の性格、通報者の意向等によって異なります。

　会社（社内窓口）に報告したときは、速やかに通報者に対しても、いつ会社に報告したかを連絡します。そして、見通しが立てば、いつ頃から関係者のヒアリング等、調査が開始される、というような情報も伝えます。
　さらに、今後、通報者の周囲で通報に関連すると思われる不審な言動が見られた場合、または通報者探しが行われている気配が感じられる場合などは、すぐに連絡をしてくれるように要請します。

　以上の初期対応の中でとくに重要なポイントは、通報者の立場や意向を最大限に尊重しつつ進めていくという点と、そのような姿勢を通報者に示すことです。
　当初だけでなく、事実調査から最後の是正措置まで、いろいろな場面で通報者と十分なコミュニケーションを図りながら進めるということが大切です。

2 社内窓口が内部通報を受けたときの対応
——通報者の意思を尊重する

❶ポイント

- ▶「社内へは匿名」の場合、社内窓口は社外窓口（弁護士）を介して通報者とコミュニケーションを図る
- ▶その場合でも、通報者と協議して、社内窓口と通報者が直接会話できるパイプを設ける方法はある
- ▶匿名通報の場合は、通報者の立場に配慮しながら、自由に、かつ効率的に調査を進める

　社内窓口が内部通報を受ける場合には、次の２通りがあります。
　内部通報を受けた社外窓口（弁護士）から報告を受けた内部通報と、社内窓口が通報者から直接受けた内部通報です。

✦ 社外窓口（弁護士）から報告を受けた場合

　前者、つまり通報者からの内部通報を受けた社外窓口（弁護士）から報告を受けた場合には、通常、通報者が「会社へは匿名」を希望しているので、社外窓口（弁護士）は通報者の氏名・勤務部署・連絡先等を把握しているものの（顕名）、社内窓口にはそれらを基本的には伝えることはありません。
　したがって、社内窓口としては通報者と直接コンタクトをとることができません。そこで、必要な場合は社外窓口の弁護士を介してコミュニケーションを図ることになります。実際、多くの場合、この方法で通報者からの聞き取りや事実調査が進められます。
　ただ、このやり方は事実調査などに当たる社内窓口としては何かと不便で、非効率的です。そこで、社外窓口（弁護士）が仲介をして、（会社の

他の関係者には依然匿名を維持しつつ）通報者と社内窓口との間だけでは匿名を解除するか、少なくとも直接に相互の連絡を取り合えるパイプを設けることがあります。例えば、社内で知られていない携帯電話、メールアドレスの利用等がそれに当たります。これらは社内窓口の担当者と通報者との間に一定の信頼関係があることが条件となります。

❖ 社内窓口が内部通報を直接受けた場合

次に、内部通報が通報者から社内窓口に直接寄せられた場合には、通報が顕名、つまり通報者が氏名、勤務部署、連絡先などを社内窓口に明らかにしている場合は、前に説明した社外窓口（弁護士）の対応とほぼ同様の初期対応となります。

まずは、できるだけ早く通報者と連絡をとることで、次の点を伝えます。

① 内部通報を受理したこと。受理しない場合はその旨。
② 今後の調査方法などについて適宜通報者に連絡すること。また、途中経過や是正処置などについても適宜報告すること。
③ 通報者の方でも、追加情報や調査に関する意見を寄せてほしいこと。また、通報者の周囲で通報に関連すると思われる不審な言動が見られた場合や通報者探しが行われている気配が感じられた場合などはすぐに連絡してほしいこと。
④ 事実調査に当たっては、それが内部通報に基づくものであることや、通報者が誰であるかなどが極力周囲に悟られないように進めるが、噂や邪推を含め100％阻止するとの保証はできないこと。
⑤ しかし、会社として、通報者の立場や意向を十分踏まえて処理に当たるとともに、通報者が不利益を受けないように最大限の配慮を行うこと。

❖ 匿名通報の場合

社内窓口が受理する通報には、「匿名通報」（電話や手紙による）が相当

の割合を占めると思います。

　「匿名通報」はそもそも認めない、受理しないとしている会社や団体もありますが、その場合でも、通報されたものをまったく無視することはできません。なぜなら、「内部告発」に向かわせてはよくないし、一説によると、重大な内部通報ほど匿名で寄せられる傾向が強いとも言われているためです。

　ただ、匿名通報でも、メールによる場合は、電話や手紙などと違ってまだ救いがあります。通報者が特定できなくても、メールで返信することやその後もメールでやりとりすることが可能な場合があるからです。また前述したように、そういう方法でやりとりしながら、社内窓口との間だけは匿名を解除するよう促す、という方法もあります。

　匿名通報の場合に困ることの1つは、通報者が社員など、ルール上会社が想定している通報できる者かどうかの確認ができないことです。

　まったくの部外者（取引先や競合会社の関係者など）が社員になりすまして、虚偽や悪意の通報をしているのかもしれません。とくに特定の社員や役職者を誹謗・中傷するものなどは要注意です。

　次に困るのは、情報が限られているため、その後に事実調査を行うに当たり、どの部署、どの社員を対象に聞き取り調査などを行えばよいのかわからないことです。やむを得ないので、何らかの手がかりを探し、当たりをつけて、情報を持っていそうな人物を対象にヒアリングを行うなどの方法をとることになります。

　また、匿名通報の場合、通報者にフィードバックしたり、意向を聞いたり、是正措置を伝えたりする手段もありません。

　そこで、問題が重大ないし深刻な場合（例えば、談合や贈収賄が疑われるような場合）は、非常手段として、社内報等で通報内容を広く開示して、他者からの情報提供を促すという方法も考えられます。

　なお、顕名（「会社への匿名」を含む）の場合は、通報者の意向を聴取し、

それを最大限尊重することに配慮しますが、匿名通報の場合はそれができないので、かえって自由に効率的かつ機動的な方法で調査を進めることができるという面はあります。もちろんこの場合でも、通報者に不利益が及ばないように配慮することは必要です。

3 事実調査の方法①
——関係者からの聞き取り調査

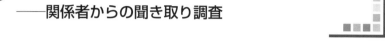

> **❶ポイント**
> ▶事実調査の方法、担当者等は社内窓口が立案、提案する
> ▶事実調査の中心は関係者からの「聞き取り調査」（ヒアリング）
> ▶その対象者の人選、面談のタイミング等には注意を要する

　内部通報が受理された場合、前述した初期対応の次に必要な手順は事実調査、つまり通報内容の詳しい把握です。

　通報により把握できるのは最初の情報（端緒たる情報）にすぎず、その後必要な事実調査を実施し、情報を追加・整理することによって、はじめて事実の全貌を把握することができます。

　事実調査の方法の立案者、言わば司令塔は一次的には社内窓口です。窓口の多くは法務担当部署内に設置されます。その社内窓口が事実調査に関わる場面では「内部通報事務局」と呼ぶべき立場となることは後に説明します。

　とりあえず、社内窓口において、必要かつ適切と思われる事実調査の方法や進め方を立案し、実行していくことになりますが、その権限には限界があります。

　他部署に協力を要請しなければならない場面は当然ありますし、通報内容が企業にとって重大な問題を含み、高度の判断を要する場合などは、独断で決定することはできず、上位組織、最終的にはコンプライアンス推進部門、内部統制担当部門などを統轄する担当取締役や社長に判断、決裁を仰ぐことになります。

❖ 聞き取り調査の対象

 事実調査の方法・手段の中で最も重要で、大半の時間を要するのが関係者からの「聞き取り調査」（ヒアリング）です。
 まず、「聞き取り調査」の対象となるべき部署や人物について、以下で説明します。

(1) 通報者

 顕名による通報、つまり通報者の氏名や勤務部署がわかっている場合は、通報者本人から「聞き取り調査」を開始するのが基本です。
 匿名通報の場合は、少なくとも当面は「聞き取り調査」をすることができません。この点からも匿名通報は非効率であり、せめて「社外窓口へは顕名で、会社へは匿名で」というルールが推奨されるべきであることはすでに述べたとおりです。
 社外窓口（弁護士）が受理した通報で、「弁護士へは顕名、会社へは匿名」ルールが適用される場合は、弁護士のみが通報者とコンタクトできるため、その弁護士が通報者からの聞き取り調査を担当することがあります。弁護士はヒアリングの専門家ですので、有効な聞き取り調査を行うことができると思います。
 通報者に対する聞き取り調査は、まず、通報者が規程上内部通報をできる者であるか、他人が通報者に「なりすまして」通報したものではないか、などの形式的なことを確認します。そのうえで、通報の実質的内容について、より詳しい説明を受けることになります。これは１回限りというわけではありません。他の方法により調査が進展を見たところで、再度通報者のヒアリングをすることもあります。

(2) 被通報者（通報対象者）

 通報者から、違法行為等の行為者と名指しされた人物を、以下では「被通報者」と言います（「問題の対象人物」と呼ぶこともあります）。
 被通報者も聞き取り調査の対象になりますが、これが早い段階で実施さ

れるとは限りません。ある程度嫌疑が明らかになった時点、あるいは証拠隠滅の危険が去った時点で行われることの方が多いかもしれません。もちろん、早い段階で「嫌疑なし」との結論が出た場合は、その被通報者からの事情聴取はありません。

なお、被通報者に知らせずに（内緒で）、その者に関して調査を行うことは、人権上の問題があるという指摘もあります（とくに外国で）。

(3) 被通報者の不正行為等について情報を持っている可能性のある社員

言わば「参考人」です。被通報者と日常的接触が多い同じ職場の社員などが該当します。その中には被通報者の行為を「見て見ぬふり」していた社員もいるかもしれず、また、被通報者との共犯が疑われる社員が含まれているかもしれません。証拠隠滅の可能性がある場合もあり、どの範囲の社員をどういう順番でヒアリングするかは非常にデリケートな場合があります。

(4) 被通報者の上司

当然、上記(3)にも該当しますが、とくに組織上、人事管理上の責任者として、被通報者やその周囲の社員の言動をよく知っている人物です。それだけでなく、上司として部下の監督責任を果たしていなかった場合、実は通報者の行為を察知、黙認していた場合、さらには共犯関係が疑われる場合もあり得ます。そういう点では(3)と同じく注意を要し、ヒアリングのタイミングもデリケートな面があり、慎重を要します。

なお、次項で述べるように、被通報者の上司は、自分が「聞き取り調査」を受ける立場になるだけでなく、部下である被通報者に対し「聞き取り調査」を行う立場になることもあります。

(5) 問題部署以外の社員

例えば、人事部、経理部等の社員、労働組合の役職員、社宅の管理者などです。とくに会社からの出金状況が問題となる違法行為や、不適切な接

待や贈賄のような案件では、経理部に残っている証票類は調査に不可欠なものであり、その作成過程などについて経理部の担当社員をヒアリングすることは重要です。

　なお、後日の処分なども視野に入れ、人事部などとのコミュニケーションは欠かすことができません。

(6) 社外の関係者

　被通報者と親密な取引先、競合会社の社員、警察、労基署、出入りの飲食店など、案件によっては様々な対象が考えられます。部署ぐるみでの違法、不適切な会議費の使用のような案件では、飲食店での当該会議費の使用状況（人数や使用した金額など）をヒアリングすることが考えられます。

4 事実調査の方法②
―― その他の方法

❗ポイント
▶ 業務日誌の点検、アンケート、関係先への照会等の方法がある
▶ 調査を進めていることをカモフラージュすることも、ときには必要
▶ 調査結果等を書面化し関係者の確認印をとっておく（証拠力の確保・保持）

　事実調査の方法として、関係者からの「聞き取り調査」以外に考えられる方法・手段を以下に挙げておきます。
　これらに関する立案や実施を担当するのも、基本的には社内窓口（内部通報事務局）です。

(1) 関連先への照会
　社内・社外を問わず、直接面談して「聞き取り調査」をすることが困難または不適切な場合、文書などで問い合わせをし、回答を得るという方法があります。文書でのやりとりは期待した適切な回答が返ってくるかどうかわからない点で効率的ではない場合や、また、事案によっては問い合わせ書が会社にとって不利な証拠となる場合もあります。そのような場合、関係部署の意見を聴取することや、社外窓口の弁護士等と相談することが先決です。

(2) アンケート
　例えば、パワハラや喫煙被害を訴える内部通報などの場合、それが通報者の主観的な被害感情なのか、その職場の多くの社員が悩んでいる客観的な事実なのかがよくわからないことがあります。そのような場合、異なる意見や意見の分布を把握することは当該問題の評価判断に役立つほか、そ

れを機会に新たな追加情報を得るチャンスとなることもあります。
　また、贈賄事案のような場合、通報者を特定させないために、一般的なアンケートをダミーとして実施するなど、カモフラージュして、問題となっている部署の調査につなげるというテクニックも考えられます。

(3) 業務日誌・帳簿・交際費等の点検

　競合会社との談合のための会合の調査においては、業務日誌で不自然な会合が行われていないかとか、不正経理などの会社からの違法行為、不適切な出金の場合には帳簿等の突き合わせをするような方法で調査することがあります。

(4) 社用のパソコンや電話の記録の点検

　会社から貸与しているパソコンや携帯電話については、会社は原則として内容や使用記録を調査する権利があり、これらから重要な証拠が出てくる可能性は大いにあります。違法行為を行っている者はあらかじめパソコンのデータを消去している場合がありますが、消去したデータを復活させる技術的な方法もあります。固定電話の通話記録から証拠が出てくる場合もあります。
　その他、調査対象者のパソコンや携帯電話の提出を求める必要がある場合もありますが、プライバシーの侵害にならないように配慮する必要があります。

(5) 被通報者または関係者からの陳述書、弁明書、始末書等の提出

　「聞き取り調査」の延長上でとられる方法です。調査終了時の処置としても必要になることが多いと思われます。調査終了後は事実認定をして評価をする必要がありますが、その際には客観的な証拠に基づくことが必要です。そのために、聞き取り調査の結果は、単に事務局側のメモや記録としてだけではなく、聞き取り対象者自身が承認、確認した書面として残しておくことが重要になります。

(6) 興信所や探偵を利用する調査

　まれなケースでしょうが、興信所や探偵を利用して調査することもあります。その場合にも写真や書面による調査報告を提出させ、保存しておく必要があります。

5 聞き取り調査の担当者
——事務局担当者・管理職・弁護士・その他

❶ポイント
- ▶通報者本人への聞き取り調査には事務局担当者が当たることが多い
- ▶それ以外の聞き取り調査担当者は事務局が適任者を選定し、委嘱する
- ▶重大な案件では臨時の「社内調査委員会」が設けられ、社会的影響が大きい案件では「第三者委員会」が構成される

　内部通報に関する事実調査においては、関係者に対する聞き取り調査が最も重要であること、また、聞き取り調査の対象者として想定される人物については、いずれも前項で述べたとおりです。

　以下では、聞き取り調査を実施する担当者について具体的に述べていきます。

　本書のここまでにおいては、まだ内部通報制度に関わる全体的組織について説明していません。後にそれは説明しますが、その前にまずは、次のことを認識しておいてください。

✚ コンプライアンス経営の監視、推進部門

　近年、重大な企業不祥事が多発したことに鑑み、多くの企業でコンプライアンス経営を特別に監視、推進する部門が設置されるようになりました。「コンプライアンス室」、「コンプライアンス推進本部」、「コンプライアンス委員会」、「CSR委員会」等々、伝統的な組織とは異なる名称や位置づけの部門が設けられています。

　内部通報制度はその機能や性格からして、上記部門の所管とされるのが

通常です。

　この組織の特徴としては、経営トップ（代表取締役や担当執行役員）の直轄ないしそれに近い形であること、横断的な人事（監査役を含む）や外部者（弁護士等）を含めた委員会組織とすること、日常的・事務的な業務を担当する「コンプライアンス事務局」などが置かれること、などが挙げられます。一般的には、事務局は企業の法務部門（法務部など）の中に置かれる（担当者も法務部員が兼務する）ことが多いようです。

❖ 内部通報事務局

　ここまで、内部通報制度に関し、「社内窓口」とか「聞き取り調査担当者」など、個別の役割について述べてきましたが、これらの事務的部分を担当するのは、いずれも（具体的名称は別として）「内部通報事務局」です。これは、「コンプライアンス事務局」の一部と理解することができます。

　「内部通報事務局」の職務としては、まず内部通報の社内窓口となることが挙げられます。
　その後、事実調査に当たって、その方法を検討・立案し、自身でも聞き取り調査等に当たり、また他の部署、他の関係者に聞き取り調査を要請する、という役割があります。
　事実調査が一応完了した後も、内部通報制度のしくみや手順に応じて様々な事務的職務があります。
　以下では、この「内部通報事務局」（以下、この項では単に「事務局」と言います）という名称を多用しますので、上記のような概念とご理解ください。
　前項までで「社内窓口」と表記していた部署とたいていの場合同一です。
　もちろん会社や団体によっては、上記事務局と異なる組織編成が行われているケースもあります。

　さて、本論に戻って、聞き取り調査の実施に当たるのは誰かについての

説明を続けます。

(1) 内部通報事務局の担当者

内部通報事務局において通報を受理した担当者（社内窓口）が自ら聞き取り調査に当たることが少なくありません。

とくに通報者本人に対しては、同担当者が聞き取り調査に当たるのが自然で効率的です。受理の段階で通報者と多少とも会話を交わしていますし、すでにその段階で事実上、聞き取り調査を行っていると言えるからです。

通報者以外の聞き取り対象者に対しても、早い段階で多くの情報を持っている事務局担当者が聞き取り調査を担当することが最も効率的と言えます。

(2) 社外窓口たる弁護士

通報者が社外窓口（弁護士）に通報を行い、「会社へは匿名」を指定していた場合、事務局担当者は通報者に対し聞き取り調査を行うことはできません。通報者が誰か知らないし、連絡をとるパイプもないからです。

この場合は、通報を受理した社外窓口の弁護士が通報者の「聞き取り調査」を担当することになります。あらかじめわかっているメールやFAXの交信による聞き取り調査が主となると思われますが、重要な案件やセクハラ・パワハラなどのデリケートな案件では、弁護士が通報者と直接面談して聞き取り調査を行うこともあります。

ただし、前にも述べたように、弁護士が仲介をして、事務局担当者と匿名希望の通報者との間にパイプができたときは、事務局担当者が通報者への聞き取り調査を行うことになります。

(3) 要調査部署の管理職

事務局担当者が、通報者以外の人物に対して聞き取り調査を行うことはかなり困難を伴い、それなりの手順が必要となります。

例えば、某営業課でAという社員が背任行為を行っているとの内部通報

があったとしましょう。

　社員Aや参考人となる社員（仮にB）に対して「聞き取り調査」をする必要がありますが、事務局はAという人物を知らず、Bについてのアイデアもない場合が普通です。

　その場合は、事務局から、問題部署（要調査部署）の管理職（課長、部長など）に事情を説明し、彼らにAやBに対する聞き取り調査を委嘱する方法が効率的です。彼らはその部署の業務の実態（その裏表）や部下社員の資質・性格を知悉しているからです。

　逆に管理職側の立場では、自身が管理責任を負う部署において内部通報事務局の担当者が自分の部下に直接コンタクトすることは愉快でないでしょう。

　もっとも、設例の場合、直属の上司の課長にAやBの聞き取り調査を依頼するのは疑問がないとは言えません。もしかすると、当の課長もAの違法行為に関わっているかもしれないからです。なぜなら、通常Aの行為を察知した通報者は、そのことについて直属の上司である課長に報告、相談すべきところ（いわゆる部署内解決）、そうしないでわざわざ内部通報制度を利用したのは、そういう理由もあり得るからです。

　このような場合は、課長にAなどの聞き取り調査を依頼するのではなく、その上司である部長に事情を説明し、部長に、（Aを含め）適当な人物からの聞き取り調査を依頼するのがベターと考えられます。

　いずれにしても、その部署の管理職に事実調査の一翼を担ってもらうことは効果的でもあり、必要とも言えます。前に「部署内解決」や「部署内自浄作用」の必要性を述べましたが、上述の手法は（内部通報がなされた後とはいえ）実質的にこの要請に合致します。

　なお、部署内管理職が聞き取り調査を行う際、了解を得て、事務局が同席することは「部署内解決」の実践に反するものではなく、むしろ望ましいと言えます。さらに進んで、必要に応じて、その管理職の了解を得て、事務局のみで聞き取り調査を行うこともあり得ます。

(4) 社内監査部門、人事部の担当者など

例えば、不正な経理操作があるとの内部通報があった場合、それに関連する監査業務を日常的に行っている内部監査室のような部署の担当者に事情を説明し、事実上の（内部通報に基づく調査であることを秘して）聞き取り調査を依頼するという場合もあります。

また、セクハラ、パワハラ、労働問題などについては、人事部の担当者、カウンセラーなどに聞き取り調査を依頼するという場合もあります。セクハラ、パワハラに関しては通報窓口（事務局）を別のところに設ける会社もあるくらいです。

(5) 担当取締役、執行役、監査役など

例えば、子会社が会社ぐるみで粉飾決算を行っているとの内部通報があったとしましょう。

それは企業の信用や存続にも関わる重大問題であるため、その事実調査にも慎重に当たらなければなりません。聞き取り調査に当たっても、責任ある地位にある役職者が直接指揮し、自ら実行することが適当と思われる場合もあります。また、担当取締役や監査役がその任に当たることもあり得ます。さらには、弁護士の関与や同席が必要になったり、そうすることが有益な場合があると思われます。

(6) 社内調査委員会

同じく問題が重大で、また役員が関与している可能性のある問題などでは、事務局はもちろん、社内の既存組織では事実調査が容易でない、または適当でないという場合があります。そのような場合は、既存組織を越えた横断的な要員を集めて「調査委員会」を立ち上げ、ここが専門的、集中的な事実調査に当たるという場合もあります。その人的構成は事案によって異なってきます。弁護士の関与や同席もよくあることです。

(7) 第三者委員会

会社にとって重大問題であるだけでなく、その規模が大きく、かつ複雑で、社内の組織では事実究明が困難と思われる場合、また社会的影響が予想され、社会から透明性のある事実調査が求められるような場合には、外部の学識経験者（学者、弁護士などを含む）で構成される「第三者委員会」を設けることがあります。そして、この第三者委員会で聞き取り調査を含む事実調査が行われ、その法的評価やその後の公表まで担当することになります。

昨今、企業や団体の不祥事に関連して、実際に多くの第三者委員会が設けられ、その動向がマスコミの耳目を集めています。

なお、第三者委員会については、この第2章の第15項でより詳しく解説します。

6 事実調査を成功させるために
──工夫はいろいろある

> ▶面談の場所、時間、呼び出し方法を工夫する
> ▶内部通報等に基づく特定の問題の調査ではないとカモフラージュする
> ▶自白ないし有益な情報提供をした場合は制裁や処分を寛大にすると約束する
> ▶被通報者が知らない状態で、長期間その人物の調査を行うのはフェアでない

　内部通報事務局が事実調査の方法を立案し、あるいは調査を実施するに当たり、理解し、配慮しなければならないポイントがいくつかあります。これらのポイントを押さえつつ成果をあげるためには、調査方法に様々の工夫が必要です。

　以下では、具体的にどのような工夫が考えられるかを述べていきます。

(1) 聞き取り調査における面談の場所、時間、呼び出し方法等を工夫する

　被通報者や問題事象に関与した者は（通常は過敏になっている）、同僚や部下が何らかの聞き取り調査を受けていると知ると証拠を隠滅するおそれがあります。

　したがって、聞き取り調査に当たっては、対象者が通報者であれ、被通報者であれ、第三者であれ、調査が行われていることを悟られないように工夫する必要があります。

　具体的には面談の時間（例えば、勤務時間外に行う）、場所（例えば、社外に設ける）等に注意を払う必要があります。また呼び出し方法についても、関係者に疑念を抱かせないように、もっともらしい理由や口実をつけて、さらに直属の上司から連絡してもらうといった工夫が必要でしょう。

(2) 通報者が誰であるかを知られないように工夫する

顕名通報の場合でも匿名通報の場合でも、できるだけ通報者が特定されないように事実調査を進めなければなりません。

その際の1つの方法として、問題部署だけでなく複数部署で、一般的、定例的な調査であるように装って、つまりカモフラージュして調査するという方法があります。

例えば、ある部署で架空売買による売上げの水増しがされているとの通報があったとすると、内部監査室が通常の監査業務を各部署で行い、その過程で出荷伝票や納品書などの証票類をチェックして架空売上げを発見するという方法です。

また、贈賄や公正競争規約（事業者団体等が自主的に設定する業界の公正な競争のためのルール）に違反する接待などの不正、不適切な経費支出の通報があったとすると、被通報者（通報対象者）の勤務する部署全体またはそれを含む大きな部門全体で一斉に経費の使用について部署長や部門長による領収書などの調査を行わせて、不適切な経費支出を発見するという方法です。

その他、証拠書類等が存在しないことの多いカルテルや談合などの場合、会社が重点調査項目としてカルテルや談合を掲げて、対象部署及び関連部署の職員全員について聞き取り調査を実施するという方法もあります。

(3) 供述のみに頼らず、客観的な証拠を収集することが重要

事実調査においては関係者に対する聞き取り調査が最も重要ですが、関係者の「供述」のみに依存しすぎてはいけません。確度の高い事実認定をするためには、書面やデータ（帳簿、領収書、納品書、メモ、メール）などの客観的な証拠を収集することが重要です。

(4) 関係者が真実を述べる動機づけ、インセンティブを用意する

聞き取り調査の対象とされた社員はそれに誠実に協力する義務、真実を述べる義務がある、ということを規程やマニュアルに明記しておくことが

必要です。これによって事実を隠蔽する動機が弱められます。

次に、信頼できる情報を得るために、違法行為を見て見ぬふりをしていた社員や言わば共犯者的な立場にある社員、場合によっては主犯格の違法行為者に対しても、情報を提供することを条件に社内の処分を緩める約束をする、という方法があります。

例えば、カルテルや談合の場合、書類やデータなどの証拠が見つからない、またはそもそも存在しない場合があります。また、関係者が口裏合わせをするなど、真実を述べないこともあります。そういう場合に、進んで情報を提供することを条件に、違法行為等に対する処分を緩め、そのことを約束する方法が考えられます。これも検討に値する工夫です。

もっとも、このような方法をとるかどうかは事務局マターではありません。処分決定権者または経営トップが決めることです。

(5) 守秘義務を告知したうえでの事実調査

聞き取り調査を実施した対象者から情報が漏れることがあります。

それを防止することは、通報者が知れないようにするためにも、被通報者のプライバシーを守るためにも必要です。そこで、多くの内部通報規程やマニュアルに記載されていますが、関係者に守秘義務の遵守を厳命するとともに、場合に応じて守秘義務を守る旨の誓約書を提出させることもあります。

(6) 被通報者の立場にも配慮した事実調査

通報者の立場を擁護することは重要ですが、反面、いつまでも被通報者に伏せたまま事実調査を進めることは被通報者に対してフェアでありません。

被通報者に通報があった事実を伝え、弁明の機会や証拠（反証）提出の機会を与えることも考慮する必要があります。こういう規定を置いている会社も少数ですが、存在します。

早い段階で被通報者の弁解を聴取することによって、問題の解決が早ま

ることもあるためです。
　このような手続を適正に踏むことによって、事実調査によって収集した証拠やそれに基づく事実認定が法律上でも盤石になり、また調査結果に対する社員の信頼感も高まるのです。

7 事実調査に基づく事実認定と評価
―― 事実を確定しその評価を行う

❗ポイント
▶ 事実認定と、認定した事実が不正行為に該当するかどうかの評価は別
▶ 事実が明確でない場合は「灰色は白」の論理が適用される
▶ 事実調査の結果を、意見を添えてコンプライアンス委員会等に報告する

　内部通報を受ければ、内部通報事務局が中心になって、通報内容に関する事実関係を調査します。通報者をはじめ関係者から聞き取り調査を行い、それと並行して物的証拠の収集も行います。
　ここでは、そのような経過を経て一応事実調査が終了したことを前提にして、その次の作業をどのように進めていくかについて解説します。

✚ 事実認定

　まず、内部通報されている問題行為について、それが実際に通報どおりであったか否か、という「事実認定」を行う必要があります。
　事実認定は、その行為が違法または不適切な行為であったかどうかの判断（評価）よりも前に行う必要があります。後述の「評価」は事実認定によって確定した事実を前提にして、はじめてできることだからです。
　例えば、セクハラ行為に関して、女性のお尻を触ったかどうかというのが事実認定の問題です。その事実があったとして、それがセクハラ行為に当たるかどうか、という判断が評価の問題です。これを混同してはいけません。

　ときには通報の内容が真実であるということが確認できない場合があります。また、通報者に錯覚や虚偽があったことがわかり、被通報者は無実

であることが判明する場合もあります。

　さらに、その事実がなかったとも言い切れないが、被通報者が否認し、かつ他の関係者の証言、その他の証拠を総合してもその事実があったと断定することは困難であるという場合もあります。この場合は、いわゆる「灰色は白」という論理が適用され、その被通報者が「黒」であることを前提とした処分等を行うことはできません。

　調査を尽くしても事実を確認できない場合は、その後も調査や周辺の観察を継続するか、真偽不明のままいったん調査を打ち切るかを決断することになります。

　ただし、その場合でも、将来同様の問題が起きることを想定して、その芽を摘むための職場環境の改善やルールの充実に取り組むことは必要なことです。

♣ 法的評価

　他方、内部通報のとおり、その事実が確認できた、また被通報者もその事実を認めているという場合も、もちろん少なくありません。

　その場合は、最初に述べたように、その事実が違法・不正行為と言えるか、あるいは社内のどういう規範（ルール）に違反するのか、どの程度の悪質性があるのかなどの判定、評価の段階に進みます。

　この段階で被通報者が異を唱えることはあり得ます。前述のセクハラの例で言うと、お尻を触ったのは事実だが、それは宴会の席でのささいな「おふざけ」にすぎず、違法・不正行為と評価されるほどのことではない、といった反論が出るなどです。

　このような場合に、安易にその反論を退けたり、独断的な評価を下したりすることは適当ではありません。

　違法性等の判断が微妙なときは、中立的、専門的立場の弁護士などに法的評価を仰ぐことも一法です。それに基づいて評価を下し、処分等を行え

ば、一応の正当性を備えることができます。

　また、そういう争いを想定して、事前または日常的に、ルールをできるだけ具体的に表現し、それの適用・不適用があいまいになったり主観的になったりしないようにしておくことも予防的措置として重要です。

　例えば、セクハラの例だと、「相手の意に反すると認識したうえで身体に接触した場合は処分する」（大阪市職員基本条例の例）などといったように、具体的にルールを定めておくのです。

8 是正措置・再発防止策の策定
——内部通報事務局の役割は小さい

❗ポイント
▶是正措置・再発防止策は本来、内部通報制度を超えた問題
▶それほど重大でない内部通報案件については内部通報事務局も関与する
▶重大案件では、内部通報事務局は従たる役割を担うにとどまる

　事実認定及び違法性等の評価が一応終了した段階で、当該内部通報案件に対する内部通報事務局の職務は一段落となります。
　次の課題は、違法ないし不適切な状況がまだ継続していれば直ちにそれを中止させたり、是正したりすること、そして、その問題が生じた原因や背景を分析し、再び同じ問題が発生しないよう再発防止策を検討・策定することです。
　また、内部通報事務局の作業として、当該案件に関する一連の職務遂行の経過と結果を報告書にまとめて、しかるべき社内窓口の部署に提出すること、通報者にも一定の結果報告をすること、また、継続的職務として、内部通報制度が適正に機能しているかをモニタリングするということを行います。

✜ 策定・実行の主体
　このうち、当該内部通報案件に対する是正措置及び再発防止策の策定・実行は、通報窓口と事実調査を主たる職務とする内部通報事務局の本来の職務ではありません。
　それは問題を発生させた部署の管理職が一次的に責任を負うべきことであり、加えて全社的観点から、法務部門、人事部門、経営管理部門などが関与していくべき問題です。

ただ、内部通報事務局もまったく関与しないわけではなく、それほど重大案件でない場合、他の部門を動員するほどの必要がない場合などは、内部通報事務局が引き続きその面でもフォローする、あるいは提案するということがあります。事務局は多くの場合、法務部門内に置かれていることもあり、その方が現実的、効率的である場合も少なくありません。

例えば、セクハラに関する内部通報で、加害者も事実を認めて、反省や謝罪の意思を見せているような場合は、その上司である管理職と内部通報事務局の担当者がそれを確認して一応の決着とする、という取扱いがなされます。

後日、人事部門等がこの件の経過を考慮し、通報者または被通報者の職場を異動させる等の措置をとることはあり得ますし、それはまさに同じ問題の再発防止策の実行にも通じますが、それはもはや内部通報制度の範疇の外と見ることができます。

他方、内部通報が端緒になり重大な企業不祥事が発覚するという事態もときにあり、この場合は上に述べたような安易な方法で事態を決着させるわけにはいきません。

粉飾決算、汚職、談合、カルテル行為、食品偽装等、言わば経営の根幹を揺るがすような問題が勃発した場合は、経営トップがいち早く前面に出て事実調査や是正措置の指揮をとる必要があります。取締役や監査役が動き、取締役会が当面の対応策、再発防止策、対外的公表の方法などを真剣に議論することとなります。ときには、社内の「調査委員会」や「第三者委員会」等が調査段階から主導権を持つ場合もあります。

このような状況では、内部通報事務局は指示を受けて補助的職務を行うことはあっても、もはや主役ではなく、その手をほぼ離れます。つまり、内部通報制度を超えた状況になっていると言えます。

コンプライアンス違反事象に対する是正措置、再発防止策というテーマ

では様々な問題や手法が考えられ、それを論じるには相当なページを要します。
　しかし、それは内部通報制度を論じる本書の対象範囲を超えていますので、ここではこれ以上の記述は割愛します。

9 被通報者・関係者に対する処分・制裁
──対象者の特定と適正手続が重要

❗ポイント
- ▶処分対象者は不正行為等の行為者（共犯者を含む）、その管理監督者等
- ▶処分決裁権者は行為の重大性により直属の上司から担当取締役まで
- ▶決定には正しい手順・手続が必要。決定後は速やかに対象者に告知・説明

　内部通報事務局による事実調査や違法性の評価が終了すると、不正行為等を行った者及び関係者に対し、その立場や違法性・悪質性の程度等に応じて一定の処分や制裁が行われます。

　しかし、前にも述べたように、会社（組織）内で行われる不正行為等は内部通報がその端緒になるものばかりではありません。そのため、不正行為等を起こした者に対する処分や制裁に関しては、内部通報制度をテーマとする本書の対象範囲を超えています（前項の是正措置・再発防止策と同様です）。

　したがって、ここでは内部通報制度に関係が深い事柄を中心に述べ、それ以外は概略の説明にとどめます。

　まず、処分の対象となる行為は、違法行為、つまり一般的な法律に違反する行為（刑事事件を含む）のほか、就業規則、コンプライアンス指針、その他の社内規定や遵守すべき規範に反する行為を含みます。それらを含めて「不正行為等」と表現します。

　また、その行為者には「共犯者」、つまり、その行為を共同で行った者、行為者をそそのかした者、行為者を手助けした者を含みます。

　個人的な不正行為のほか、その部署の管理職が指示・黙認していた「部署ぐるみの不正行為」もあり、さらに規模が大きくなり役員まで関わる「会

社ぐるみの不正行為」もあります。

　以上の「行為者」のほかに、以下の人物も、その不正行為等に関連して責任を問われる余地があります。

✣ 行為者以外に責任を問われる者
(1) 行為者の上司
　管理監督者として、行為者に対し適切な監督指導責任を怠った者です。

(2) 不正行為等が行われるのを知っていて「見て見ぬふり」をしていた者
　不正行為等を知った以上はすぐに上司に報告、相談するか、内部通報をするべきであるのにそうしなかった者です。
　この論点については第1章の第12項で詳しく説明しましたが、本書としては、「不正行為等を見て見ぬふりをすることは許されない」という立場ですから、そのような傍観者に対して何らかの制裁を加えるべきだと考えます。その結果、現に会社の損害が拡大したようなときには、より重い責任を問われるでしょう。

(3) 虚偽の内部通報を行った者
　「虚偽」とは、まったく違法でも不正でもないとわかっているのに、被通報者を陥れる意図、その他邪（よこしま）な動機で通報することです。また他人が、ある人物になりすまして通報することです。
　ひょっとしたら違法なことかもしれない、という思い（疑い）で通報するのは許容するべきです。歓迎されることがあっても、非難されることはありません。結果的に錯覚をしていたとか、違法でないと判断されたとしても、邪な動機でない限り「虚偽」と言われることはありません。

(4) 事実調査等に協力しなかった者
　非協力的態度にも程度がありますが、例えば、被通報者をかばおうとし

て証言を拒否したり、偽証したり、証拠隠滅に加担したりすれば責任を免れないでしょう。

(5) 通報者探しを行ったり、通報者に嫌がらせ等の不利益を与えた者

該当者があるとすれば、通常、通報者が所属する部署の管理職か同僚社員です。軽い気持ちで行う場合や怨念を持って執拗に行う場合など、態様は異なりますが、いずれにしてもこの種の行為に対して会社として寛大な対応で望むのはよくありません。

そのような不利益を通報者が受けた場合に、会社が救済してくれるという安心感を通報者に与えてこそ、内部通報制度は健全に運用できるのであり、もしその叱責や処分があいまい、または寛大であれば、その後少なくともその部署では内部通報制度を利用する社員がいなくなってしまいます。

また、その部署の管理職は、自らそのような行為に加担していなかったとしても、そのような部下の行為を阻止できなかった責任（監督責任）について当然問われます。まして、それがはじめてでないとすれば、より強い非難を受けることになります。

❖ 処分や制裁を決定するのは誰か？

処分や制裁を決定するのは会社（組織）そのものであり、会社として行うものです。ただし、事実上の決裁権者や告知者はそれぞれのレベルで決まっています。

軽微な案件については、日常的に行われている管理監督上の職務の一環として、直属の上司（管理職）が注意するにとどめることもあるでしょう。

重大な案件については人事部に付託されたり、懲罰委員会の審議に付せられたり、コンプライアンス委員会等に諮問されたり、それぞれの会社（組織）でルールが決められているはずです。

行為者が取締役の場合は、取締役会の決議で（取締役の解任はできませんが）業務執行権の剥奪や変更、報酬の返上等を決定します。

❖ 処分・制裁を科す要件

次に、処分や制裁を科すにはいくつかの要件が必要です。

まず、どういう場合にどういう処分や制裁があるかというルールを、就業規則などで、あらかじめ具体的に決めておくと同時に、それを周知しておかなければなりません。不意打ち的に行うことは許されません。

また、所定の手順・手続を踏まなければなりません。その中でも、本人の言い分（弁解）を十分に聴取することが（それを認めるかどうかは別として）不可欠です。そして、それを記録に残すことが必要です。

加えて、処分や制裁を決定したときは、本人に速やかにその内容・理由を告知・説明すること、さらには、行為の重大性や悪質性と処分・制裁とのバランスがとれていることも要件です。軽微な不正行為に対して解雇を言い渡すなどということはできません。

ところで、一定の処分・制裁に相当する不正行為を犯したときでも、「情状」を斟酌することは可能ですし、それは必要です。例えば、行為の悪質性の程度、故意か過失か、反省しているか、同種の前歴はないか、同じ行為を再び起こす可能性はないか、上司や会社にその行為を防ぐことができなかった責任はないか、被害者がいる場合にその人に謝罪や弁償を行ったか、等々です。

なお、形式的には処分・制裁ではありませんが、当該問題の発生を契機として、好ましくない職場環境や人間関係を是正するために、行為者や関係者に対し、配置転換（転勤を含む）等を命じることがときどきあります（業務上の必要という理由で）。命じられた側に不満や不利益があっても、会社（組織）は人事権や裁量権を持っているため、それが著しく不当に行使されたと言えない限り、社員はそれに従わざるを得ません。

また事実調査によっても、通報どおりの事実や違法性等を認定できない場合があります。逆に被通報者の無実が明白になることや、「灰色は白」と扱わなければならないことなどは前にも述べました。

それらの場合は当然処分や制裁は行われないのですが、本人（被通報者）や必要な関係者に対して、そのことを速やかに伝え説明することが必要です。関係者をいつまでも不安定、不安な状態に置くことは許されないからです。

10 報告書の作成
——通報内容・調査の経緯と結果・意見

ポイント
- ▶内部通報事務局は通常、事実調査と評価を終えた時点で報告書を作成する
- ▶記載内容は通報受理以降の職務遂行の経過及び事務局としての意見
- ▶再発防止策や関係者の処分のタイミングを慮る必要はない
- ▶報告書の提出先は事務局の上部組織及びあらかじめ定められた機関・役職者

✦ 報告のタイミング

　内部通報事務局は、事実調査が終了し、その結果に基づく事実認定及び違法性の評価等も終了した時点で、当該案件に関する報告書を作成し、関係部署へ提出します。

　しかし、このタイミングは原則にすぎず、常にこの時期とは限りません。

　重大案件であれば、通報を受けた後、直ちに一定の部署に報告しなければならない場合が考えられますし、途中経過を逐一報告すべき場合もあります。

　逆に、軽微な案件であれば、完全に決着がついた時点または6カ月分まとめて事後報告することで足りる場合もあるかと思われます。

　是正措置や再発防止策の策定が完了するまで待つ必要はないと思います。予想や事務局の意見を記載しておくだけでもよいと思います。

　関係者の処分についても、それが明らかになるまで待つ必要性はないと思います。それは遅くなるかもしれないし、結局は不処分になるかもしれません。

　実は、再発防止策や関係者の処分は内部通報制度と直接の関係はないのです。内部通報によらずして発覚した不正行為の場合でも同様のことがあるためです。

✤ 報告事項

事務局が作成する報告書に記載する項目は、おおむね以下のとおりです。

(1) 内部通報を受理した経過
- 受理した日。通報手段（メール、文書、電話、その他）。
- 社外窓口（弁護士）に寄せられた場合は、その受理日と事務局の受理日。
- 匿名か顕名か、社外窓口（弁護士）の場合、「会社へは匿名」の指定をしているか。

(2) 通報内容の概要

(3) 通報者とのコンタクトの経過
- コンタクトした日時、場所、担当者、立会人。
- 聞き取りをした内容。通報窓口から伝えたこと。
- 事実調査の前後、通報者が不利益取扱いを受けていないかどうか。

なお、社内窓口への匿名通報の場合はコンタクトの方法がありません（ただし、匿名のままメールによる会話ができる場合はあります）。

(4) 社外窓口（弁護士）とのコンタクトの経過
- 社外窓口（弁護士）が受理した内部通報については同弁護士から受けた報告や意見。
- 内部通報扱いではなく、または内部通報に先立って「事前相談」があったときはその旨及び内容。
- 事実調査の過程で同弁護士に相談したり、協力を求めた場合はその内容。

(5) 被通報者、第三者とのコンタクトの経過
- 対象人物（被通報者、第三者）、日時、場所、コンタクトした者（事務局担当者、弁護士、立会人など）。
- 聞き取りした内容。担当者から伝えたこと。
- 対象人物の協力や守秘義務の遵守に問題はなかったか。

なお、問題部署の管理職とのコミュニケーションはとくに重要です。

(6) 物的証拠を収集した場合はその内容
(7) 事実認定について
- 不正行為等の事実認定の内容。通報と食い違いがあったときはその内容、事情。
- 事実認定が困難であった場合はその旨及び理由（例えば、被通報者が事実を否認している、通報自体が虚偽、誇張であったなど）。
(8) 違法性の評価について
- 被通報者等の行為についてどのような違法性、不当性の評価を下したか。
- それが被通報者等の見解と相違した場合はその旨及び内容。
- 弁護士等の意見を聞いた場合はその旨及び内容。
- 違法性、不当性等について評価が困難であった場合はその旨及び理由。
(9) 事務局としての意見
- 事実認定や違法性評価について関係者に争いがある場合はその旨及び事務局としての意見。
- 関係者の処分や再発防止策に関する事務局としての意見。
- 会社が被った損害の内容や程度、社会的影響等に関する事務局としての意見。

✚ 報告書の提出先

　報告書の提出先としては、内部通報事務局が所属する上部組織、例えば、コンプライアンス推進部、コンプライアンス委員会、担当取締役などです。
　その他、社内ルールないし慣例によって定められている関連部署、例えば、人事部、内部監査室懲罰委員会、監査役などが報告書の提出先となる場合もあります。

11 通報者に対するフィードバック
——これを軽視すると制度は信頼されない

ポイント

▶通報者に対しては結果の報告だけでなく、途中でのコミュニケーションも必要
▶コミュニケーションが不十分な場合、内部告発に向かうリスクが高まる
▶誠実にコミュニケーションを図ることが内部通報制度の活性化につながる

　内部通報があった場合、まず内部通報事務局（以下、本項では単に「事務局」と言います）において調査が行われ、その後しかるべき機関において事実認定、違法性認定及び処分・制裁が行われ、そして別途是正策・再発防止策が講じられます。

　これらの端緒を提供したのは内部通報者ですから、適当な時期に通報者に対しそれらの結果をフィードバックすることは通報者に対する当然のエチケットです。

　しかし、「フィードバック」を単なる「結果報告」と捉えるべきではありません。手続継続中も含めて、通報者と緊密にコミュニケーションを図ることが重要で、そういう「広義のフィードバック」を誠実に実行することが、内部通報制度の効率的運用や活性化に役立つのです。

　この視点で、通報者との各段階における接点に着目して、以下に解説していきます。

✢ 通報受理の段階

　内部通報を受理した窓口は、社内窓口・社外窓口を問わず、直ちに通報者とコンタクトをとるのが通常です。

　真実で誠実な通報とは感じられない場合でも、通報者が特定されている以上、放置するという選択肢はありません。

もしここで放置したり、時間を費やしたりすると、通報者は会社の対応に失望し、怒り、「内部告発」などに向かう危険性があります。
　ちなみに、公益通報者保護法では、内部通報をしてから20日以内に調査を行う旨の通知が届かない場合は、マスコミや消費者センターなどの外部団体に告発をしても保護されることが明記されています。
　この段階でのコミュニケーションの目的は、①通報内容について詳しい情報を聞き出すこと、②内部通報を行ったことにより通報者が抱いている不安やストレスを解消すること、③聞き取り調査などについての通報者の意見やアイデアを聞くこと、などです。
　とくに②については、匿名性を維持することのほか、通報者探しをしたり、通報者と目されて嫌がらせを受けたりするようなことがあれば、通報者を守るための措置を講ずる旨のアナウンスをしておく必要があります。

❖ 聞き取り調査の段階

　次に、事務局によって事実調査が開始される段階について説明します。
　事務局が聞き取り調査の対象、時期、方法などを決定したときは、その概要を差し障りがない範囲で通報者に連絡すべきです。
　通報者にとって、自身も含めて、いつどのような聞き取り調査が行われるのかについて何も知らされないのは耐え難いストレスです。その間の時間が長すぎた場合は、通報者はやはり会社の不誠実に失望し、怒り、別の行動に走る危険性があります。
　聞き取り調査の予定などを伝えておくと、調査開始の前後に被通報者や関係者がどのように行動したかについて後日、通報者から情報を得ることができます。

❖ 聞き取り調査が終了した段階

　関係者の聞き取り調査を終了したということを通報者に報告しておきます。その関係者の氏名は不適切と思えば明らかにする必要はありません。
　そして、通報者に、聞き取り調査の前後、関係者の言動や職場の雰囲気

に変化があった場合は連絡してほしい旨を要請しておくのがよいでしょう。
　この段階で、通報者からほかに聞き取り調査を行う必要のある人物を教わることもあります。

❖ 関係者の処分・制裁が決定した段階

　関係者の処分や制裁はいずれ社内全体に伝わる情報ですから、その前に通報者だけに提供するのは適当ではありません。管理職の配置転換などについても同様です。しかし、伝えても差し支えのない事実で通報者を安心させる性格の情報は伝えた方がよい場合もあります。

❖ 是正策・再発防止策が決定した段階

　この情報もいずれ社内全体に伝わることでしょうが、適当な時期に通報者に対し直接伝えるとともに、通報者の通報が端緒となって社内のコンプライアンス体制改善の一助になったことに感謝する旨を伝えた方がよいと思われます。
　それによって、通報者は内部通報を行ってよかったという満足感、達成感を味わうことができ、それが他の社員にまで広がれば、内部通報制度の活性化によい影響を与えるはずです。

❖ 匿名通報・「会社へは匿名」の場合

　ところで、上述の説明は「匿名通報」の場合には、ほとんど適用できません。
　他方、社外窓口（弁護士）に対し顕名で通報し、「会社へは匿名」を指定した場合は、その窓口弁護士が通報者とのコミュニケーションの窓口になります。つまり、窓口弁護士が事務局と通報者の間に介在し、伝達役を果たします。単なる仲介役だけではなく通報者に法律判断を示したり、通報事務局に意見やアドバイスを行うこともあります。いずれにしても、通報者に対するフィードバックという目的は達成することができます。

ちなみに、通報者に対するフィードバックという問題に当たっては、「匿名通報」がいかに不合理なものかを再認識させられるでしょう。

　通報者が特定できないのですから、当然通報者に対するフィードバックは困難です（社内広報等で通報者も知ることにはなるでしょうが）。したがって、通報者が聞き取り調査の過程や是正措置などに満足しているか、問題はなかったか、また、通報者と目されて嫌がらせなどを受けていないかなどが気になるところですが、これらについても把握できず、また調べようもありません。

12 内部通報制度に関するモニタリング
――制度の充実と発展のために不可欠

> **❶ポイント**
> ▶内部通報制度の活性化のためにも継続的モニタリングが重要
> ▶担当するのは直接的には内部通報事務局
> ▶手法としてはアンケート調査や聞き取り調査
> ▶モニタリングを行っていることを社内に広く知らしめることも必要

「モニタリング」とは、一般的に「監視」という意味ですが、内部通報制度においては、次の2つの視点があります。

(1) 特定の内部通報案件に関する事後チェック

この事後チェックの対象は次の2つです。

① とられた是正措置や再発防止策が想定どおりの効果を発揮しているか、つまり、その部署の業務がその後、正常かつ健全な状態で運営されているか。

② 内部通報制度が適切に機能したか。通報者が不利益や嫌がらせを受けていないか。

(2) 内部通報制度の運用状況全般に関する継続的チェック

この継続的チェックは、内部通報制度が社員によって広く認知され、その目的が理解され、問題なく、また効果的に機能しているかを常時監視することです。

これらのモニタリングにおいては、次のような点に着目してチェックが行われます。

なお、内部通報制度と直接には関係がない、上記(1)の①の解説は割愛します。

✤ 特定の通報案件に関する事後チェックの着目点

まず、特定の内部通報案件に関して、内部通報制度が適切に機能したか、通報者が不利益や嫌がらせを受けていないかについて、具体的に以下の点をチェックします（上記(1)の②）。

① 内部通報があった部署の社員は、問題が内部通報によって表面化したことを評価しているか、それとも不愉快に感じているか。

② 内部通報を行った通報者に対して、他の社員は好感を持っているか、それとも批判的感情を持っているか。

③ 通報者及び同じ立場の社員において、「部署内解決」（察知した者がその部署の上司に連絡・相談し部署内で解決すること）ができなかったことに反省があるか。

④ 「通報者探し」（犯人探し）が行われなかったか。通報者（とおぼしき人物）に対する嫌がらせなどは行われなかったか。

⑤ 通報者は、通報したことによる心の葛藤、周りの冷たい視線などに悩んでいないか。

など。

✤ 内部通報制度全般に関する継続的チェックの着目点

次に、自社の内部通報制度全般が期待どおりに機能しているかどうかについて、具体的に以下の点をチェックします（上記(2)）。

① 内部通報制度が不正行為防止、コンプライアンス経営等のために必要・有用な制度として社員（経営陣を含めて）に理解・評価されているか。

② 不正行為等を察知したにもかかわらず「見て見ぬふりをする」ことをどう考えているか。

③ 内部通報経験者が会社や上司から不利益な取扱いや嫌がらせを受け

たことはないか。
④　上司や同僚から嫌がらせ等を受けた場合、会社は通報者を守ってくれると一般社員は思っているか。
⑤　内部通報者に嫌がらせ等の行為を行った者に対し、会社や上司は叱責や制裁を行うと思っているか。
⑥　会社として内部通報者を嫌悪したり、左遷などの不利益を与えたりすることは絶対にないと信じているか。
など。

❖ モニタリングの担当部署・担当者

個別案件についても全般問題についても、モニタリングを直接的に担当するのは多くの場合、内部通報事務局です。ただし、個別案件については、問題になった部署の管理職、その上部組織の管理職なども他人事ではなく、レポートを求められたようなときは当然協力すべきです。

モニタリング結果は、内部通報事務局から、コンプライアンス担当部門、内部監査部門、監査役などに報告され、経営情報として共有されることになります。

モニタリングの過程で問題が発見されたときは、しかるべき手順を経てその対策を決定し、実行しなければなりません。

問題の規模や影響が大きい重大な不祥事については、全社的経営体制の問題、内部統制システムの問題として取り組まなければなりません。

❖ モニタリングの手法

個別案件については、内部通報事務局の担当者が適当な時期に通報者やその部署の管理職、場合によっては被通報者とコンタクトし、聞き取り調査を行います。

聞き取り調査に先だって、関係者にアンケート調査を実施することは効果的、効率的な方法です。アンケート調査や面談は一度だけでは不十分な場合もあります。そのときは、回を重ねて、あるいは定期的に実施するの

がよいでしょう。

　内部通報制度に関する全般的モニタリングにおいても、アンケート調査は効果的と言えます。それによって問題の端緒をつかんで、聞き取り調査など、より深い調査方法に進んでいくというのはモニタリングの常套手段です。

　このようなモニタリングの方法や活動について、内部通報制度運用規程などに明記している会社もあります。

✤ モニタリングを行っていることの周知

　ところで、内部通報制度に関して、会社が継続的にモニタリングを行っていることを一般社員に知らしめることは必要かつ重要なことです。

　個別案件で言えば、被通報者（不正行為者、加害者）に対し、同様の問題を引き起こさないようにプレッシャーを与える効果があります。

　また、通報者に対しては、自分は内部通報によって不利益な取扱いや嫌がらせを受けないように守られているという安心感を与えることができます。

　そして社員の多くが、内部通報制度を利用しても通報者に不利益がなく、問題の是正に効果があることを実感できるようになります。

　社員にこのような実感を抱かせることができれば、社内で不正行為等に気づいたときは躊躇なく内部通報制度を利用するという社内風土が醸成されます。

　内部通報案件の処理後のモニタリング、内部通報制度の運用に関する継続的モニタリングを適切に行うことにより、内部通報制度が活性化し、その効果を十全に発揮できるようになるのです。

　モニタリングそれ自体が重要であることに加えて、モニタリングが行われているという事実を多くの社員が知ることが重要です。

　そのため、モニタリングがどのように行われているか、それが職場や業務の改善にどうつながったかなどについて、社内報などを通して一般社員に積極的に広報することが有効です。

13 通報者の不利益・嫌がらせに対する対応
―― 会社の姿勢が問われる

❗ポイント

- ▶内部通報制度の活性化のためにも通報者を不利益から守ることが必要不可欠
- ▶不利益などの加害者となるのは、会社、直属の管理職、職場の同僚など
- ▶会社の場合は監査役、管理職の場合はその上の管理職、同僚の場合は直属の管理職がキーパーソン

前項では、内部通報に関する事後のモニタリングについて、チェック項目、具体的な手法及びモニタリングをしていることの周知の必要性・重要性等を述べましたが、ここではモニタリングの結果、内部通報者が何らかの不利益処分や嫌がらせを受けていることが判明した場合、それにどう対処すべきかについて解説します。

通報者が何らかの不利益を受けた場合、誰がその加害者であるかによって、次の3つのパターンに分けられます。

① 加害者が会社そのもの、つまり会社の意思として通報者に対し不利益な処分や取扱いを行う場合
② 通報者の直属の管理職が加害者である場合
③ 同じ職場の同僚が加害者である場合

❖ 加害者が会社の場合

第1のパターンに関しては、「オリンパス事件」が有名です。内部通報を行った社員を不当に配置転換したということで裁判になり、会社側が敗訴しました。

会社の経営トップ（取締役など）が、内部通報がなされたことを快く思わず、通報者に対しそのことを責め、報復する意図で、また、他の社員がこれに倣って内部通報を行わないようにするための牽制または見せしめの意図で、通報者に不利益を与えるものです。

　例えば、通報者本人の意に反する不当な配置転換や退職勧奨、解雇などの形をとります。

　不純な動機に基づく虚偽の通報等であれば致し方ないとしても、そうでない内部通報に対し会社幹部が不快感を持つこと自体が時代錯誤であり、そもそもコンプライアンス経営を目指そうとする経営者の資格そのものが疑われます。

✤ 加害者が上司である場合

　第2のパターンは、会社（経営トップ）の意思ではないが、直属の管理職が、自分の部下が内部通報を行ったことに反発して、その報復として通報者に何らかの不利益を与える場合です。

　その管理職自身の行動が問題にされたときなどは、その動機が強く働きます。そして、通報者の仕事の内容や業務量を本人の意に沿わないように変更したり、人事考課で不当に評価したり、今まで問題にしなかったような通報者の言動を叱責するような行動に出ます。他の部下らがそれに同調するように扇動する場合もあります。

　このような管理職の態度は、内部通報制度やコンプライアンス経営の趣旨・目的を理解しないもので、管理職の資格がないというべきです。

✤ 加害者が職場の同僚社員の場合

　第3のパターンは、会社の意思でも、管理職の意思でもないのに、同じ職場の同僚社員が通報者に反感を覚え、嫌がらせやいじめを行うというパターンです。

　例えば、無視、悪口（最近では職場内に限らず、FacebookやLINEなどのソーシャルネットワークによるものもあります）、職場の飲み会などに

通報者だけを誘わない、仕事に必要な情報を与えない、仕事を回さない、などが挙げられます。

同僚社員が内部通報に対し反感を覚えるという意識自体が問題であり、それを指導せず、管理監督を怠っている管理職にも問題があります。

❖ 是正・救済措置

モニタリングなどによって、内部通報者が上記のような不利益を受けていることが判明した場合には、速やかにその是正・救済措置をとらなければなりません。

再三述べているように、内部通報制度の活性化のためには通報者を不利益から守ることが不可欠です。そうでなければ、会社内の違法・不当な出来事を察知することがあっても、誰も声を上げることをせず、「見て見ぬふりをする」という悪しき社内風土ができあがってしまいます。

まず、是正・救済措置を策定し、実行するのは誰かについて検討します。実態を把握するまでは内部通報事務局の職務と一応考えられますが、その後の措置については基本的に内部通報事務局の職務範囲を超えています。

軽微な案件では、上部機関の指示によって内部通報事務局が行動する場合もありますが、それ以外は、他の部署または上部機関に委ねることになります。それは各所各レベルの管理職であり、人事部であり、経営管理全般を所管する部署であり、最終的には役員レベルの機関です。

次に、上記のような不適切な事象に対して、どのように対処すべきかについて解説します。

なお、上記第2のパターンから説明し、最後に第1のパターンを説明します。

❖ 第2のパターン（加害者が上司）の対応策

内部通報制度の意議や目的を理解しない管理職が存在するということは、

その人物の認識欠如か、適性欠如か、会社の教育不足です。

そういう管理職に対しては、会社として、本人に反省を求め、報告書（反省文）を提出させるとともに、さらなる教育を施す必要があります。加えて、そういう管理職はその上位の管理職によって監視・監督させるしくみを作らなければいけません。

また、事案によっては通報者にそういう行為を行った管理職が懲戒処分の対象となる場合もあるでしょうし、管理職の職責に耐えないとして人事上の降格や異動がなされる場合もあります。

✣ 第3のパターン（加害者が職場の同僚社員）の対応策

同じ職場の同僚社員による、いじめや嫌がらせなどに対処する責任の大部分は直属の管理職にあります。その権限と責任において、日常的に部下を監視・監督する必要があります。また管理職には、教育という任務も与えられています。

✣ 第1のパターン（加害者が会社）の対応策

第1のパターンは、言わば「会社ぐるみの違法行為」であり、もはや内部通報制度の範疇ではありません。企業自体が自浄能力を失っている事態です。したがって、上に述べたような対応策は通用しません。内部通報事務局はもちろん、すべての中間組織も基本的に無力です。

ただし、このとき、通報者にもまったく手段がないかと言えば、そうではありません。例えば、以下の手段の例を挙げることができます。

① 通報に起因する不利益な取扱いについて監査役宛てに直接、内部通報を行う。
② 外部に向かって「内部告発」を行う。宛先は、マスコミ、金融庁、労働基準監督署など。
③ 会社に対し、あるいは取締役や監査役個人に対し、自分が受けた不利益の回復や救済（損害賠償など）を求めて民事訴訟を提起する。

上の①、②は通報者だけに限定されません。事態改善のために行動したいと考える社員ならば、誰でもなし得る手段です。

以下では、これらの点について補足しておきます。

✣ 監査役（①について）

会社には取締役の業務執行を監視する監査役が置かれています。監査役は独立の立場から取締役の違法行為などを監視する権限と義務を持っています。したがって、不適切な業務執行が行われ、それを監査役が知ったときは、監査役の権限と責任においてそれを制限したり、禁止したり、株主総会に報告したりすることが可能で、またそういうことを行う義務を負っています。

そのため、内部通報制度に関しても、監査役がコンプライアンス委員会の委員に入っている場合や、内部通報事務局が内部通報に関する報告書を提出する名宛人に監査役が含まれている場合があるのです。

したがって、通報者が会社から受けている不利益の取扱いについて、監査役宛てに内部通報するという道は残されています。社外窓口（弁護士）経由でそれを行うことも可能でしょう。

✣ 内部告発、民事訴訟（②、③について）

②の内部告発は、会社にとってきわめて不名誉なことで、会社の損害も大きく、社員の共同利益も損なうので、できれば避けたい手段です。なお、この問題については、本書の他の箇所でも記述しているので、ここでは割愛します。

③の民事訴訟についても、基本的に内部通報制度の問題を超えているので詳述することは避けます。

ただ、取締役、監査役の立場にある人たちは、上記のような責任を果たしていなかった場合、「個人として」も損害賠償責任を負わなければならないことがある、ということに留意いただきたいと思います。

なお、一度是正・救済措置が行われ、一時的には改善の実効が見られたとしても、それだけで安心することはできません。体制や意識が盤石になるまで、その後も通報者に問い合わせするなどして、モニタリングを継続することが肝要です。

14 社外窓口の設置場所
―― 消費者庁の実態調査報告書より

ポイント
- ▶内部通報の社外窓口設置の約72％は法律事務所
- ▶内部通報の社外窓口サービスを提供する専門会社もある
- ▶顧問弁護士がよいか、顧問でない弁護士がよいかは見解が分かれる

　消費者庁が2013年に公表した「公益通報者保護制度に関する実態調査報告書」によれば、内部通報の社外窓口となっているのは、約58％が法律事務所（顧問弁護士）、約19％が親会社や関連会社、約14％が専門会社、同じく約14％が法律事務所（顧問でない弁護士）、約１％が労働組合となっています。その他も数％ありますが、詳細は不明です。上のデータから、社外窓口の約72％が法律事務所に設置されていることがわかります。

　同庁の2011年の調査結果と比較すると、法律事務所（顧問弁護士）が約53％から58％と増加傾向にあり、法律事務所（顧問でない弁護士）が約16％から約14％と微減傾向にあります。

　親会社、関連会社や労働組合を窓口としているケースは、「社外」窓口と言えるかは議論があるところでしょう。

　「その他」は、行政書士など弁護士以外の専門職の事務所が考えられますが詳細は不明です。

　次に、内部通報窓口を社外に設置するとして、窓口をそのサービスを提供する専門会社にする場合と、法律事務所（顧問弁護士の場合もそうでない場合も）にする場合とで、サービス内容や費用がどう違うか見てみましょう。

✤ 専門会社の場合

専門会社の場合は、通常単なる通報の受付・会社への報告だけ、つまり文字どおり単純な窓口（コールセンター的なもの）として必要最小限の機能を果たすものが多いようです。

それ以外のサービスを合わせて提供する専門会社もあり、それには、①研修、指導や規程の作成等、内部通報体制の構築、補助を行うもの、②通報受付後の調査を行うもの、③社労士や臨床心理士が対応し通報者からの一定の相談（労務、メンタルヘルス等）にも応じるもの、④外国語（英語、中国語）への対応を行うものなどのサービスがあります。

✤ 法律事務所の場合

他方、法律事務所では、単なる通報の受理・取次ぎだけというのは少数で、一般的には、それにとどまらず、調査の第一歩としての通報者からヒアリング、通報者の匿名性に厳重に確保したうえでの会社への報告、社内の内部通報事務局と連携して行う事実調査、事実認定や法律判断に関する助言など、範囲や程度は別として、制度の運用全般についてコンサルティング機能を果たしています。

なお、例外的に、制度の構築段階、つまり規程やマニュアルの作成から組織の立上げまでの作業に特化したコンサルティングを行うケースもあります。運用開始後の窓口担当とその他の業務は別というやり方です。

社外窓口としては、総合的に見て、やはり法律事務所（弁護士）が便利かつ効率的であると言えます。弁護士だからできることが少なくはない点については、ここまで解説したところで理解いただけると思います。

ただ、同じ弁護士でも、当該企業の全般的事情に通じている顧問事務所がよいか、それとも顧問事務所以外で、通報窓口業務を中心にした内部通報制度の運用だけに特化して委任する法律事務所がよいかについては両方の考え方があるようです。

上記の実態数値は前者を選択する会社が多いことを示していますが、や

はり考慮しなければいけない要素もあります。

これについては、すでに第1章の第5項でも解説していますので、その部分を参照してください。

✤ 社外窓口に支払う費用

法律事務所（弁護士）の場合は5万円程度の月額固定料金が多いようですが、1時間当たり数万円のタイムチャージとしているところもあります。

ただし、どちらも、制度の運用が軌道に乗った後の継続的費用ですので、当初の制度設計のための費用は別途考える必要があります。その際、その作業と運用開始後の通報窓口機能を同じ弁護士に委任するか、別の弁護士に委任するかも含めて検討することが必要です。

専門会社の場合、会社規模によって月額料金を定めているところが多く、通報手段の数（電話、メール等）やサービス内容によって料金が変わるようです。

例えば、従業員数100名程度までは月額数万円、数百名程度までは5万円程度、1,000名を超える場合は10万円から数十万円というようになっています。

消費者庁の調査では、社外窓口を設けていない企業において社外窓口を設けない理由として、3番目に費用がかかることが挙げられています。

しかし、コンプライアンス経営のしくみや対外的信用の充実・向上の一環として、また万一、企業で不祥事が発生した場合に会社が被る損害や役員の個人責任等を合わせて考えると、この程度の費用は企業経営にとって決して過大なコストとは言えないと思います。

費用を節約する方法の1つに、数社の企業がグループ化し、その統合窓口として1カ所の法律事務所（弁護士）に委任するということが考えられます。資本関係で結ばれた本来の企業グループの場合のほか、例えば、親

密な企業5社で費用を分担して共同で委任するとか、組合とか業者団体が統括窓口を設けるなどです。

　もっとも、その場合でも、通報件数が増えたり、受理後の処理の大きな部分を弁護士に依存したりすると、応分の費用増は発生するので、注意してください。

Topic 15 第三者委員会
――日弁連ガイドラインを踏まえて

❗ポイント
- ▶第三者委員会は企業等から独立した委員のみで構成され、調査等を行う
- ▶不祥事が組織ぐるみ、社会問題化した場合は第三者委員会を設置
- ▶不祥事情報把握の端緒となり、信用毀損を回避または低減する内部通報制度は有用

　最近、企業等の不祥事が発覚したとき、「第三者委員会」が設置されることがよくあります。食材偽装問題を受けた阪急阪神ホテルズ、近鉄旅館システムズも、弁護士などの外部有識者を委員とする第三者委員会を設置し、報告書が提出されました。

　そのほか、社会問題となった不祥事の、全日本柔道連盟（指導者による暴力問題）、みずほ銀行（暴力団融資問題）、カネボウ化粧品（白斑問題）、日本野球機構（統一球問題）、大津市（いじめ問題）、ゼンショーホールディングス（過重労働問題）においても同様です。

　さらには、朝日新聞社（慰安婦報道検証問題）、ベネッセ（個人情報流出問題）などにおいても同委員会が設置されています。

　このような状況の中、日本弁護士連合会は2010年に「企業等不祥事における第三者ガイドライン」を策定しています。これを踏まえて、以下では「第三者委員会」について説明していきます。

✤ 第三者委員会の定義・目的

　同ガイドラインでは、第三者委員会について「企業や組織において不祥事が発生した場合に、企業等から独立した委員のみをもって構成され、徹底した調査を実施した上で、専門家としての知見と経験に基づいて原因を

分析し、必要に応じて具体的な再発防止策等を提言するタイプの委員会」と定義づけています。

さらに、その目的を「すべてのステークホルダーのために調査を実施し、その結果をステークホルダーに公表することで、最終的には企業等の信頼と持続可能性を回復すること」としています。

ここでいう不祥事とは、「犯罪行為、法令違反にとどまらず、社会的非難を招くような不正・不適切な行為等」を言います。全日本柔道連盟、大津市などに見られるとおり、企業のみならず、公的な組織団体も対象としています。

✣ 委員の数・適格性

第三者委員会の委員数は「3名以上を原則」としており、その適格性につき「委員となる弁護士は、当該事案に関連する法令の素養があり、内部統制、コンプライアンス、ガバナンス等、企業組織論に精通した者でなければならない。第三者委員会の委員には、事案の性質により、公認会計士などの有識者が委員として加わることが望ましい場合も多い。この場合、委員である弁護士は、これらの有識者と協力して、多様な視点で調査を行う」とし、一定の知見、経験のある弁護士の起用を大前提としています。第三者委員会の調査を補助する「調査担当弁護士」の選任も可能としています。

✣ 第三者委員会の特色

第三者委員会の特色は、企業等から独立した委員のみによって構成される第三者委員会自身が調査し、原因を分析し、再発防止策を策定することにあります。

不祥事発覚の端緒としては、企業内部の通常業務ラインでの発覚、内部通報、(内部通報制度が十分に機能しなかった結果起こる)内部告発などがあります。

企業内部の通常業務ラインや内部通報を端緒として、企業等の内部で調査し、原因を分析し、再発防止策を策定すれば、その目的を達するというケースもあります。
　内部での調査が中立かつ公正に行われ、その結果に基づき社内的な処分、民事・刑事上の措置をとり、社内で再発防止策を策定、防止すれば、とくに第三者委員会を設置し、公表までは必要ないというケースも当然あります。社内のセクハラ、パワハラ事案が通常はこれに当たるでしょう。
　内部調査では、経営陣の悪しき論理がまかり通ってしまう危険性があり、中立、公正が保たれないとの懸念に対して、例えば内部通報の社外窓口として顧問弁護士など社外の弁護士の助言、指導のもと内部調査を実施する、あるいは社外の弁護士をもメンバーとするコンプライアンス委員会で調査結果を審議するという方策も考えられます。社外監査役や社外取締役がその事案に接するならば、これら役員がよく機能すべき場面かもしれません。

　しかし、ある不祥事が組織ぐるみであり、経営陣、とりわけトップの関与も疑われるようなケースでは、内部通報によって不祥事に関する情報が経営陣に仮に届いたとしても、そこで黙殺され、あるいは中立公正な調査がなされなければ、それ以上自浄作用が発揮できませんので、第三者委員会設置が適切な1つのパターンと言えます。
　多額の横領が発覚し、あるいは製品事故として拡がるおそれがあるなど、社会的なインパクトが予想される事案では、中立公正を担保するために、第三者委員会設置が適切なケースもあるでしょう。
　組織ぐるみか否かにかかわらず、外部の行政または捜査機関やマスコミへの内部告発等をきっかけとして、自主的な公表ではなく外部から不祥事が発覚して、社会問題化してしまったときには、自浄作用が働いていなかったことは明白ですので、第三者委員会の設置が当然に検討されることになるでしょう。全日本柔道連盟、みずほ銀行などのケースがこれに当たると言えそうです。
　これは、一般的に第三者委員会が、すでに社会問題化してしまった後で

設置されるケースが多いことからもわかります。その意味では、企業等の信頼はいったん失墜してしまっていますので、これを回復するには第三者委員会の設置が当然求められることになります。

　ちなみに、阪急阪神ホテルズの例では、他社事例をきっかけに社内の自主調査で発覚したことを公表するに至ったわけですが、社会的なインパクトを過小評価していたこと、「偽装ではなく誤表示」としたことが原因分析の点で適切とはみなされなかったことから、大きな社会問題に発展し、第三者委員会を設置せざるを得ない事態に追い込まれたと言えます。

　また、有価証券報告書等の虚偽記載があるなどの不祥事の場合に第三者委員会が設置されることが多く、日弁連のガイドラインに則り、独立性が確保された同委員会による調査が期待されているようです。株主、投資家のみならず市場の健全性維持にも関わるので、内部調査にとどめるべき事柄ではないと言えます。

　なお、内部情報によって経営陣が不祥事に関する情報に接し、あるいは一定の初動調査的な内部調査がなされ、一定の事実認定を社内で行った結果、経営陣の判断として、第三者委員会の手に委ねることが適切だとの判断に至るということも十分にあり得ます。

◆ 調査結果の公表

　このように第三者委員会は、その不祥事発覚の経緯、あるいは事案の性質上、それが設置された段階から、関係するステークホルダーへの説明責任を当然に負っており、その調査結果をステークホルダーに公表することが求められています。どの範囲のステークホルダーに対して調査結果を開示するかは事案によりますが、冒頭で列挙した事例の多くにおいて、社会問題として一般市民（消費者、投資家、国民としての地位などから）にも関心ある事柄として、調査報告書がホームページでも公表されています。それによって、ステークホルダーからの信頼を回復することが求められま

す。第三者委員会による調査報告書の中で、再発防止策の一環として、顧問弁護士を社外窓口とする内部通報制度の充実を指摘するものもあります。

✤ 調査報告書の格付け

ところで、久保利英明弁護士ら有志が「第三者委員会調査報告書格付け委員会」を立ち上げました。調査報告書の「格付け」をして公表することによって、調査に規律をもたらし、第三者委員会、調査報告書の社会的信用性を高めようとするものです。

この「格付け委員会」では、みずほ銀行の第三者委員会の報告書についてCまたはDの合格ラインぎりぎりと判断しました。「原因分析は表面的指摘にとどまり、それがなぜ起きたかという根源的な原因究明には至っていない」などの個別評価が加えられています。

リソー教育（粉飾決算問題）については、原因究明が不十分なまま、法的責任論に論点を拡げたことや、要約版しか公表されていないことが問題視され、一部委員がこれを不合格との判断をしました。

ノバルティスファーマ（医師主導臨床研究への不正関与問題）に関する報告書についても格付け対象とされており、比較的高評価のB評価をした委員もあります。ただ、「法律家による法律家のための報告書としては優れたものであったが、ステークホルダーの期待という観点からは、今一歩と評価せざるを得ないものであった」と述べる弁護士もいます（ちなみに同報告書には、日弁連のガイドラインに準拠しているとの明記がありません）。

朝日新聞社の第三者委員会（慰安婦問題検証報道）については、8名中5名が不合格としました（ほか3名も最低限のD評価）。「組織的要因に対する事実調査・認定がなく、原因分析がなされていない。その結果、再発防止策の提言が具体性を欠き、朝日新聞の社会的信頼回復につながらないので第三者委員会としては失格である」と手厳しい評価がされています。

Topic 16 内部通報制度に対するドイツ・フランスとアメリカの違い

❶ポイント
▶各国の歴史・文化が内部通報制度を特色づける
▶独仏では制度を制限しようとし、米国では制度を拡大しようとしている
▶各国の例を参考にしつつ日本の企業に合った制度設計をすべき

　ヨーロッパのドイツやフランスとアメリカでは、内部通報制度に対する基本的な考え方に大きな違いが見られます。

　ドイツやフランスでは、匿名通報を認めることや通報を義務づけることに消極的であり、また、通報の内容・対象を違法行為に限定しようとします。

　これに対してアメリカでは、匿名通報を認めることや通報を義務づけることに積極的であり、通報の内容・対象として違法行為に限らず広く不適切な行為を含めます。

　ドイツ・フランスとアメリカとで、このように対照的になっている理由は、それぞれの国の歴史・文化の違いによるものと考えられます。

　ドイツ・フランスでは、プライバシーを、人間の尊厳と密接な、きわめて重要なものと捉えるようです。そして、通報がなされると、被通報者が違法・不正行為を行ったとされる情報が記録されることになるので、被通報者のプライバシー、ひいては人間の尊厳が害されるとして、通報を消極的に捉えるようです。

　とくにドイツでは、ナチス・旧東ドイツ時代に秘密警察への通報（密告）制度が設置されていたこともあって、通報に対する抵抗感が強いと言われています。

これに対してアメリカでは、(被通報者の)プライバシーに配慮しつつも、通報をコンプライアンス遵守につながるものとして積極的・肯定的に捉える傾向が見られます。

　アメリカでこのような傾向が生まれた背景には、エンロン、ワールドコムといった大手企業の不正会計処理事件があります。
　アメリカではこれらの事件を受けて、企業の不正会計防止がきわめて重要な課題となり、2002年にサーベンス・オクスリー法という法律が施行されました。この法律は、上院議員サーベンス氏と下院議員オクスリー氏が議会に提出して可決されたものであり、日本ではSOX法と訳されます。
　SOX法では企業の内部統制や情報開示について様々な規定が定められ、内部通報制度も盛り込まれています。その内容は、アメリカ株式市場に上場するすべての企業に内部通報制度の設置を義務づけ、匿名通報手続を制度化し、通報の内容・対象として違法行為に限らず不適切な行為も含め、従業員に通報を促すものとなっています(ただし、会計関係の事項に関するものであり、内部通報制度は監査委員会により設置されるものです)。

　このようにアメリカでは、内部通報制度をコンプライアンス遵守のための重要な制度と位置づけますが、プライバシーの保護を重視するフランスでは、同国内のアメリカ系企業がSOX法に基づいて内部通報制度を設置したところ、行政機関によって否定されました。
　その理由としては、不正行為を行ったとされる情報が記録されてから被通報者が直ちに知り得ない点で問題があること、匿名通報では無責任に誹謗・中傷されて一方的に負のイメージを植え付けられるおそれがあること等が挙げられました。まさに、アメリカの文化とフランスの文化が内部通報制度をめぐってぶつかり合った事例と言えます。
　その後、フランスにおいて、内部通報制度に関するガイドラインが公表されましたが、その内容は、①通報の内容・対象は、放置すると企業財政が危機となるような違法行為に限ること、②従業員に通知を義務づけない

こと、③匿名通報は原則として許されないこと、④被通報者に対し、通報のあったことを直ちに通知しなければならないこととされています。

　このように、各国の歴史や文化により、内部通報制度の運用が異なるのは興味深いことです。
　さて、日本ではどのような制度設計が日本人の国民性と日本企業のコンプライアンス遵守の双方に配慮したものとして適当でしょうか。
　本書が推奨するポイントで言えば、次のようになります。

① 通報の内容・対象は、違法行為に限定せず、倫理違反行為・不適切行為にまで拡げること（アメリカ型）。
② 「部署内解決」を促しつつも、通報を義務とする、またはできるだけそれに近いルールとすること（アメリカ型）。
③ 匿名通報よりも顕名通報が望ましいとすること（フランス型）。
④ 通報のあったことを被通報者に長く秘匿することは好ましくないこと（フランス型）。ただし、事実調査が妨げられないよう、通報者が特定されないよう配慮すべきこと。

第3章

内部通報制度Q&A
それぞれの立場から

1 通報者の立場から

> **❗ポイント**
> ▶部署内解決を目指し、それが困難なときに内部通報に踏み切る
> ▶匿名を希望するときでも社外窓口（弁護士）へ顕名で通報することが望ましい
> ▶通報者探しや嫌がらせが行われたときはその事実をすぐに内部通報すること

　事例を設定します。通報者（仮にAさんとします）は同じ職場のBが不正行為を行っていることを察知しました。Aさんは何とかしなければならないと考えています。もちろん、Bに直接忠告し、止めさせることができればよいのですが、それは無理なので、何らかの方法で会社に事実を認識してもらい是正してもらう必要があります。

　そこで、その方法として内部通報制度の利用を考えています。

　ここで、Aさんが抱く疑問や迷いが「Q」です。

Q1 上司に報告し相談するべきですか。それとも内部通報制度によって通報するべきですか？

A　まず、直属の上司に報告し、相談するべきです。

　それを受け止め、すぐに適切な処置をとるのが管理職の当然の任務です（むしろ本来ならば、上司がBの行為を察知するべきでした）。通常なら、上司はすぐに事実を認識・理解して、Bに注意・叱責等を行うとともに、ごく軽微なことでない限り、必要に応じて上位の管理職等に報告するでしょう。

　逆に言えば、そういう管理職たる上司の立場を無視して、いきなり業務ラインとは別の内部通報窓口に通報するのは例外的な場合です。効率的に

解決を図るためにも、通常の業務ラインによる「部署内解決」を優先すべきです。

Q2 Bの不正行為は上司から指示されて行っているか、上司も黙認している様子です。どうすればいいですか？

A その場合はその上位の管理職（課長の上の部長など）に報告し、相談することを考えてください。それも部署内解決の一環です。

そして、それもまた困難な事情があるという場合は、もはや躊躇する必要はありません。すぐに内部通報制度による通報を行ってください。

Q3 直属の上司にBのことを報告しましたが、上司はまじめに取り合ってくれず、その後も何の行動をとりません。どうすればいいですか？

A Q2の場合と同様、その上位の管理職（部長など）に報告・相談することを考えてください。

「上司による報告の握りつぶし」はときどきあることです。「わかった」と言いながら、面倒なため、あるいは保身のため放置する場合もあれば、逆にAさんに向かって、「余計なことを言ってくるな」などと筋違いの発言をする上司もいます。

その上位の管理職に報告・相談することも困難と思われる場合は、直ちに内部通報窓口に通報することです。内部通報窓口の方がよほど迅速、適切な行動をとってくれます。

Q4 部署内解決が困難な場合、不正行為を知った私としては内部通報をしなければいけないのですか。内部通報をすることは社員の義務なのですか？

A その会社の内部通報規程などでそのように定められていれば当然ですが、明文化されていなくても「内部通報は社員の義務」と考えるべきです。

部署内解決を目指しても適当な手段が見当たらないような場合は、内部通報をするべきです。もし、AさんがBの不正行為を知りながら何もしないとすれば、会社としてはBの不正行為を認識できず、それを止められない状態が続きます。

その結果、後に「企業不祥事」として大問題に発展するかもしれません。そうなれば、AさんはBの不正行為を知りながら「見て見ぬふり」をしていたとして、周囲から批判や非難されることになるでしょう。場合によっては、Bの不正行為に間接的に荷担したとまで言われかねません。

ところで、不正行為を目の当たりにして「見て見ぬふり」をすることはコンプライアンス精神に悖る行為ですが、これを会社がどのように咎めるかはそれぞれの会社の経営姿勢や企業風土によって異なってきます。

それを咎めるとは言明していない会社もありますが、コンプライアンス規範や就業規則等に通報義務を明記してある会社もあります。明記しつつも実際には制裁までは科していない会社もあり、他方、制裁まで明記してある会社もあります。

いずれにしても、「不正を見て見ぬふり」は良心的な社会人・企業人として好ましいことではありません。ルールや制裁の有無にかかわらず、「通報は義務」と考えて行動した方がよいと言えます。

さらに付け加えるなら、内部通報制度というものが健全な会社経営のためにどういう役割を果たすものか、そして、経営者は一般社員がこの制度のどのように活用することを期待しているのかなどを理解するために、本書を通読されることをお勧めします。

Q5 会社に通報者としての名前を知られたくないのですが、どうすればいいですか？

A その気持ちは十分理解できます。個人的に何の利益もないのにリスクを伴う行動を起こすのですから。

しかし、匿名の手紙や電話等による、いわゆる「匿名通報」は、客観的に見て好ましいことではありません。

まず、受理する側は匿名通報だというだけで、はじめから懐疑的、警戒的な姿勢になってしまいます。

確かめる術がないこともあって、通報者が本当に問題部署の社員なのか、社員でもない他人の「なりすまし」ではないのか、内容も虚偽かもしれない、不純な動機に基づくものかもしれない、などと疑ってかかるのが普通です。

また、受理後の調査や結果報告などについても、通報者とコミュニケーションがとれないことが大変不便です。

それらの理由で、会社によっては、匿名通報は受理しないというルールにしていたり、受理しても「不対応扱い」にしたりする場合もあります。

匿名性を希望する通報者の気持ちに配慮しつつ、上記のような欠陥をカバーする方法は以下のとおり、いくつか考えられます。本書においては、これらのうち、とくに(1)を推奨しています。

(1) 社外窓口（弁護士）へ通報し、その中で「会社へは匿名」という希望を述べる方法

窓口弁護士には通報者の名前、部署、連絡先等を明らかにしたうえで（これを顕名と言います）、問題の事実を通報します。しかし、弁護士から会社に報告等を行う際は通報者の名前や通報者が特定される情報は秘匿する、そのようにすることを弁護士に求め、弁護士もそれを尊重しながら受理後の手続を進めていくという方法です。

(2) 通報者が自分の依頼する弁護士（代理人）を通じて、社内窓口または社外窓口（弁護士）に内部通報を行う方法

　代理人弁護士は通報窓口に対し自分の名前を明らかにしますが、依頼人（実質的通報者）の名前は匿名とします。

　弁護士以外の人を通じて（代理人として）通報することには少し問題があります。窓口側はやはりその人物や通報内容に懐疑的、警戒的にならざるを得ないからです。

　ただし、セクハラの被害者などの場合は親族が本人に代わって通報せざるを得ない場合も想定できるので、窓口と誠意を持って対話することで道が開ける可能性はあります。

(3) 通報者が「ハンドルネーム」を用いてメールによって通報をする方法

　真実の名前を伏し、通報者を特定できない点では「匿名通報」であり、受理側の懐疑的、警戒的対応は解消されないものの、受理した窓口から記載されたメールアドレスにメールバックすることによって、つまりメールの交換によって、通報者の正確な氏名や勤務部署を明らかにしないまま一定のコミュニケーションを図ることができます。

　これと類似の方法は電話によっても可能ですが、電話という通報手段が別の理由で欠点があるので、それはお勧めできません（第1章の第6項を参照）。

Q6 内部通報しようとしている事実が違法・不正行為と言えるかどうかに自信がなく、内部通報することが適切かどうか迷っています。どうすればいいですか？

A　社外窓口（弁護士）に通報し、「事前相談を希望する」と伝えてください。

　内部通報制度に「事前相談制度」を明記している会社はほとんど見ませんが、実際には、社外窓口（弁護士）にこの種の通報が寄せられることは少なくありません。つまり、一応内部通報の形をとっていても、通報者の

意思としては、もし自分が記載した事実が違法・不正行為等に該当する場合に限って正式な内部通報として受理してほしい、ということなのです。

この場合、社外窓口の弁護士は柔軟に対応するのが普通です。通報者の期待どおりの対応をするものと思われます。

ちなみに、そういう通報のうち、経験的には、約半数が不正行為ありと判断され、内部通報として正式に受理することになり、残りの半数は、不正行為等には該当しないと判断され、それを通報者に説明したうえで、通報者が内部通報を撤回しています。

Q7　「社外窓口（弁護士）へは顕名、会社へは匿名」という通報の方法が推奨されているようですが、会社に匿名、つまり会社関係者に通報者が誰かを知られないようにすることは本当に可能ですか？

A　100％とは言えません。しかし、完全な匿名通報であってもその点は同じです。上記方法にはそれ以上のメリットがあります。

上記の方法であれ完全な匿名通報であれ、その後の事実調査の過程で、周辺の社員らには何らかの調査が行われているという気配が伝わることは少なくないと言えます。

そして、不心得者は誰かが内部通報したのではないかと詮索を始め、通報者が誰なのかについての噂や邪推も広がります。これらの点は上記方法であっても完全な匿名通報であっても同じです。

上記方法のメリットは、社外窓口（弁護士）には通報者がわかっているわけですから、事務局と協議して、その人が周囲から目を付けられることがないような調査方法をとるようにします。

また、調査の方針や経過を（差し支えのない範囲内で）社外窓口（弁護士）から通報者に連絡し、同時に通報者から現場の状況や意見を聞きながら調査を進めます。どうしても通報者に影響が及ぶ可能性のある方法を選択せざるを得ないときは通報者の同意を得てから行います。

さらに、上記のような不心得者がいる場合は、その情報を得て、その者

に対し適切な対応をとります。

　社外窓口（弁護士）にも事務局にも通報者が誰かわからないときは、このような配慮をしようと思ってもできないのです。

> **Q8**　「会社へは匿名で」として社外窓口（弁護士）に通報したところ、その弁護士から、「社内の内部通報事務局にだけ、あなたの名前や連絡先を教えてもいいですか」との質問を受けました。どう考えたらよいでしょうか？

A　内部通報事務局（通常窓口と同じ）が信用できないという事情がなければ、事務局と直接コミュニケーションをとれるパイプを作っておくことはお互いにメリットがあります。

　事務局は、内部通報に基づく事実調査や通報者に対するフィードバック、事後のモニタリング等に関し司令塔の役割を持っています。そのため、事務局と通報者との間のコミュニケーションがあった方が確実に双方に便利です。

　「会社へは匿名」の通報に関しては、それを社外窓口（弁護士）が仲介するのですが、直接のパイプがあればより便利です。通報者にとってもそれが不都合ではなく、むしろ好都合という場合もあります。そこで、上記のような提案が出てくるのです。

　事務局がこういう経過で通報者の名前や職場を認識した場合、通報者の匿名希望を無視する行動をとることはありません。つまり、事務局から問題部署の他の社員や管理職またはそれ以外の部署の社員にその名前等を明かすことはありません。加えて、この場合は一次的窓口として社外窓口の弁護士も関与しているので、三者で協議しながら慎重に事実調査を進めることになります。

　通報者がそれでも事務局と直接コンタクトすることをよしとしない場合は、次善の策として、通報者が特定できないメールアドレスを事務局に教え、そのメールによって事務局と直接コミュニケーションを図るというの

も一案です。前述のＱ５のＡ(3)の方法です。

　いずれにしても、社外窓口（弁護士）は通報者の同意がないのに、事務局に通報者の名前やメールアドレスを教えることはありません。あくまで通報者の意向に沿った方法でしか以後の手続を進めません。

Q9 内部通報に基づき事実調査が始まったと思われるころ、部署内で「通報者探し（犯人探し）」が始まりました。どうすればよいでしょうか？

A すぐに内部通報窓口（社外・社内を問いません）に、そのことを通報してください。

　内部通報規程などでは「通報者探し」をすることを禁じているはずですから、そういう行動をとっている社員は職務規定に違反していることになります。

　情報を得た内部通報事務局では、その部署の管理職に、部下のそのような行為を直ちに止めさせるように指示します。直属の管理職がそれに荷担している場合などは、上位の管理職または人事部担当者等を通じて、同様の行動をとります。

Q10 私が通報者であるとの推量に基づいて、部署内で嫌がらせやいじめ的行動が出てきました。どうすればいいですか？

A 前述したことと同様で、すぐに内部通報窓口（社外・社内を問いません）に、そのことを通報してください。

　加えて、単に嫌がらせ、いじめがあったというだけでなく、それに類する具体的事実を日々記録したうえ、通報窓口に情報提供してください。

　会社が具体的事実を把握し、それが不当なものと判断したときは放置することはしません。もし、放置したり、会社ぐるみで荷担することがあれば、前に述べた「オリンパス事件」のように、後に厳しい法律的、社会的

糾弾を会社が受けることになります。

また、最初の通報を社外窓口の弁護士が受理した場合は、その立場と権限において、会社に対しそのような行為と行為者に対して厳正な処置をとるよう要請します。

> **Q11** 内部通報したことによって問題が解決しましたが、それ以来職場の雰囲気が悪くなり、私も平常心で仕事ができなくなりました。どうすればいいですか？

A そうだとすれば、その責任は直属の上司を含む管理職にあります。そういうことのないように目配りし、部下を指導・監督するのが管理職の任務であり、必要な資質だからです。

できれば、直属の上司またはその上の管理職（部長など）に相談してください。通報者の主観的事情が強い場合は、直接その問題に触れずに、転勤または担当職務の変更希望を出すというやり方もあるかもしれません。また、その前に人事部などに相談する方法もあるかもしれません。

望ましいのは、従前の管理職が以後十分な目配りをして職場の雰囲気の改善を取り組むことですが、それが困難なときは、その管理職を更迭（配置転換）するという形で是正が図られることもあります。

ただし、この問題はそれぞれの会社の人事政策とも関係するので、内部通報事務局が単独でフォローできる問題ではなく、また、会社の規模や組織によって異なりますので、一律に論じることはできません。

> **Q12** 完全な匿名通報をしたのですが、その後内部通報事務局とコミュニケーションをとりたいと思うようになりました。どうすればいいですか？

A たしかに、追加情報を提供したいとか、逆に調査の状況を知りたいとかの動機で、そういう気持ちになることがあります。

そのときは、社外窓口（弁護士）、社内窓口を問いませんので、その旨通報窓口に連絡してください。

社内窓口（内部通報事務局）に氏名等を明らかにして、以後直接のパイプを持つのもよいですし、社外窓口（弁護士）に連絡し、会社には匿名を維持しながら、弁護士を介して事務局とコミュニケーションを図ることも可能です。

Q13 内部通報をしたのですが、一向に事態が是正されません。誰も動いていないようです。上司から上の方に伝わってはいるようですが、会社の上層部が握ったままのようです。どうすればよいですか。外部の機関かマスコミに内部告発すべきでしょうか？

A 由々しき問題です。このままでは会社ぐるみの不祥事に発展しかねません。しかし、外部の機関やマスコミに内部告発するのは最後の手段です。世間から批判を浴びることにでもなれば、会社自体が社会的信用を失い、その損失は社員全員に及びます。その前に、やはり会社内部で解決する方策を探すことが肝要で、その手段がないわけではありません。

社長以下の経営執行部に対して「もの申す」権限を持ち、またその責任を持っている次の人たちに対して、次元の異なる（内部通報窓口を経由しないという意味で）「内部通報」を行ってください。

その相手とは、①監査役、②社外取締役、③労働組合、④親会社の内部通報窓口、⑤発言権の強い顧問弁護士などです。それ以外にも考えられるかもしれません。

このうち、監査役は、取締役から独立する地位を有し、取締役が適正な業務執行を行うのを監視するのが職務ですから、問題事実を知った以上は放置しておくことは許されません。問題を放置した場合、個人として法的責任を追及されることもあります。

昔の監査役は会社の幹部から横滑りで就任する人が多く、実質的には発言権の弱い存在でしたが、最近では半数以上が「社外監査役」であり、実

質的にも取締役から独立性を持ち、必要な場合には取締役に対し「もの申す」存在になっています。また、そうしなければ、自分が法的責任を問われるという厳しい立場にも立たされています。

　ほぼ同様のことが、最近着目されてきた「社外取締役」についても言えます。2015年5月1日から施行された改正会社法によって社外取締役の導入が実質的に義務づけられ、また金融庁が打ち出した「コーポレートガバナンス・コード」（上場企業の行動指針）では、2015年6月1日から、社外取締役を2名以上置くべきこととされました。

　外部からの有識者が社外監査役や社外取締役に就任し、業務執行取締役が不適切な経営を独断的に進めることを牽制するしくみが整備されつつあります。

　こういう流れの中で、社内で発生した違法・不正行為等の情報が内部通報を通じて、上記の会社役員に伝わるのはむしろ好ましく、推奨されることであると思います。

2 内部通報事務局の立場から

❶ポイント
▶匿名通報に対しても、その真実性・誠実性を検討し、真摯に対応するべき
▶通報者や事実調査協力者等の名前やその他の秘密を遵守すること
▶内部通報の件数を増やすべく、この制度の周知徹底を図ることを心がける

　内部通報事務局（組織上どの部署に属するかは別として）は、内部通報の窓口であるだけでなく、事実や法的問題の調査、関係部署への連絡・報告、通報者へのフィードバック、事後のモニタリング等々、個別の内部通報に関する一連の処理を担当します。

　それ以外にも、内部通報制度の運用状況を常に把握し、そのしくみやルールの改善、社員への周知・啓蒙等も担当します。

　ここでは、そうした内部通報事務局の立場からのQを取り上げます。

Q1 当社ではルール上「匿名通報」を禁止していますが、今回匿名の内部通報が寄せられました。どう対応すべきでしょうか？

A　内容を把握し、検討したうえで、内容次第では通常の内部通報と同様に処理してください。

　「匿名通報」をルール上、禁止しているからといって、現実に寄せられた匿名通報を内容も見ずに放置ないし破棄するのは適当ではありません。

　たしかに、匿名通報の中には、上司や経営幹部に対する単なる中傷や経営方針に対する批判など、内部通報の対象でないものが少なくありません。また、なりすましや虚偽事実、不純な動機が推察されるようなものもあります。

しかし、制度やその運用が未成熟であるために通報者が「匿名通報」とせざるを得ないなど、匿名通報に対して寛大でなければならない場合もあります。

また匿名通報の中には、重大なコンプライアンス違反事象が含まれていることもあります。

したがって、ルール上はさておき、受理したものについては、その真実性、誠実性を検討したうえで、「不対応」とするものと、適切な対応をとるものとを区別すべきです。

Q2 内部通報事務局の担当者は、特定の内部通報に関して知り得た通報者やその他関係者の情報に関し守秘義務を負いますか？

A 弁護士等に課せられるような法律上の守秘義務ではありませんが、通報者、聞き取り調査の対象者、また嫌疑がなくなった被通報者に関する情報等に関しては、関係者に不利益が及ばないように秘密を守り、またプライバシーを尊重しなければなりません。

通報者は本来自分と無関係な不正行為等を察知し、それを会社に知らせただけですから、通報者であったことや、どういう内容の通報をしたかなどを他人に知られることは不本意であるだけでなく、通報者の不利益につながる危険性もあります。

参考人として、聞き取り調査に協力した人も同様です。事実調査の結果、嫌疑がないことが明らかになった被通報者についても同様です。

事実調査の報告書などにおいても、それらの人物が特定されるような記載は控えるべきです。内部通報規程等でそのように明示している場合もありますが、そうでない場合でも同様です。

内部通報することで何らかの不利益を被るリスクがあるのであれば、社員は誰も内部通報をしなくなります。その結果、「見て見ぬふり」が最も安全、無難という風潮が広まり、内部通報制度は機能せず、コンプライアンス経営に、ほころびが出てきます。

Q3 内部通報としては不適切、対象外と思われる通報に対しては、どう対応すべきですか？

A 内部通報としては不適切、対象外と思われる通報には、次のようなものが考えられます。
- 職場の同僚や上司に対する単なる批判や中傷
- 人事、職場環境、処遇等に関する不満や批判
- 会社の経営方針や経営幹部に対する意見や批判
- 虚偽または単なる想像に基づく事実

これらが内部通報の対象外であることは内部通報規程などで明記してあるはずですが、それでも通報されてくることはあります。

しかし、その場合でも、まったく何の対応もしないことは適切でありません。

通報者がわかっている場合は、連絡をとり、通報内容を確認したうえ、やはり対象外であれば、そのことを説明したうえで、内部通報としては対応しないことを告げるべきです。

また、通報者の主観においては切実である場合もあるので（セクハラなどの場合）、通報者の立場に立って、他の解決法（例えば、カウンセラーとの面談など）があれば教えてあげるべきです。

Q4 当社では内部通報の件数がきわめて少ないのですが、これに関してどう考え、どう対処すべきでしょうか？

A 内部通報の件数が少ないことはよいことではありません。とにかく件数を増やす方策をとるべきです。

経営幹部や管理職には、「内部通報は少ないか、ないに越したことはない」と言う人がいますが、この考えは感心しません。

社内のどこを探しても不正行為やコンプライアンス違反事象は存在しない、というのなら結構ですが、会社や組織において（規模が大きくなれば

ましてや)、そういうことは、残念ながらあり得ません。

　また、管理職が適切なチェック機能を果たしているので、ある部署で生じた不正行為等はその部署内で解決されている、というのなら、それも結構なことですが、これもたやすく達成できることではありません。管理職の目配りは常に完璧とは限らず、また管理職自身が不正行為に手を染めることも珍しくありません。

　つまり、内部通報が少ないのは、不正行為やコンプライアンス違反事象が誰にも察知されないような巧妙な方法で行われているか、あるいは、それを察知している者がいるのに「見て見ぬふり」をして表面化しないかのいずれかである可能性が高いということです。

　仮にそうではなくても、一応そのように考えた方がよいと思います。

　また、社員に対する内部通報制度の周知が不徹底で、この制度が広く社員に知られていないことが原因になっている可能性もあります。この点についても、事務局側がそんなことはないと自己満足してはいけません。

Q5　内部通報制度について社員に周知徹底を図るには、どういう方法が有効ですか?

A　おざなりな方法でこの目的を達成することは困難です。まずそのことを認識したうえで、次のような方法をお勧めします。

(1)　社内広報の様々な手段を利用して、PR、啓蒙活動を行ってください。

(2)　社内研修のカリキュラムに加えてください。

(3)　1年に1回程度、内部通報制度の認識度・周知度についてアンケート調査を実施してください。そのこと自体が広報活動になることに加えて、経営トップや内部通報事務局は、いかにこの制度の認知度を高めることが難しいかを認識することができるでしょう。

(4)　経営トップが積極的姿勢を表明してください。経営トップや上級管理職が「内部通報は少ないか、ないに越したことはない」と思って

いる間は、この制度は活性化しません。そして、あるとき間違いなく企業不祥事が露見します。

　できればその際、不正行為等に対する「見て見ぬふり」は許されない、という強いメッセージを発してください。

(5)　社外窓口（弁護士）の紹介を積極的に行ってください。弁護士のプロフィールやメッセージも発信してください。

(6)　以上のこと（それ以外にもあると思いますが）を単発ではなく、繰り返し繰り返し行ってください。

3 中間管理職の立場から

❗ポイント
▶ 中間管理職は内部通報制度より優先すべき「部署内解決」を目指すべき
▶ 部下から、何でも話せて秘密を守ってくれる上司と思われるように努める
▶ 内部通報事務局による事実調査に積極的に協力すること

　コンプライアンス経営の観点から、会社や組織における中間管理職の役割はきわめて重要です。経営幹部や監査役等が現場における不正行為やコンプライアンス違反事象を直接発見できることはまれです。現場が見えている、また見えていなければならないのは中間管理職です。
　その意味で、コンプライアンス経営の重要ツールである内部通報制度に関しても、中間管理職はキーマンであると言えます。
　以下では、その中間管理職の立場・視点からのQを取り上げます。

Q1 私は課長の職にありますが、私のような中間管理職は内部通報制度とどのような関わりを持つべきでしょうか？

A 次の4つの関わり方があると思われます。
（1）　自分の課において、ある課員が不正行為等を行い、それについて別の課員が（内部通報窓口へ）内部通報を行った場合。
（2）　自分の課において、ある課員が不正行為等を行い、それについて他の部署の社員から内部通報がなされた場合。
（3）　自分の課または他の部署において、不正行為等が行われていることを自ら発見し、内部通報を行おうとする場合。
（4）　上記(1)・(2)の場合を含め、内部通報があり、その事実調査のた

めに、内部通報事務局から協力を要請された場合。

Q2 私の課において、ある課員が不正行為を行い、それに気がついた別の課員が私にそのことを報告してきました。これも内部通報ですか？

A これも広義の内部通報と言えなくはありませんが、一般的にそうは言いません。通常の業務ライン上での問題解決方法なので、「部署内解決」と呼ばれるものの一環です。

内部通報とは、この通常の業務ラインとは別のルート（言わばバイパス経由）によって、つまり内部通報窓口（社内と社外があります）に寄せられる通報のことを言います。

ある部署で問題が発生した場合、とくに不正行為が行われたときは、通常の業務ラインによって、つまり部署内解決によって解決されるのが本来の姿です。コンプライアンス事務局などが動き出す前に、その部署の管理職が中心になって自浄作用が働き、早期に問題解決が図られるのが理想の形です。

ただし、部署内解決が可能となるためには、いくつかの条件が必要です。中でも重要なのは、キーマンとなる管理職の目配りと資質です。

Q3 私の課のある課員が不正行為を行い、それを発見した別の課員が私に報告も相談もせずに内部通報を行いました。どう考えたらよいでしょうか？

A 本来なら直属の上司である、あなたにまず報告・相談し、早期かつ効率的に部署内解決が図られるべきでした。

通報者がそうしなかった理由としては、以下の例が考えられます。

(1) 通報者は自身が発見者であることを隠したかった。その場合、次のケースが考えられます。課長のあなたにも知られたくなかった、ま

たは、あなたは秘密を守ってくれないと思った、の2つです。
(2) その不正行為は課長である、あなたが承知のうえで、または、あなたの指示で行われたという疑いを持った。
(3) あなたに告げてもまともに取り合ってくれず、かえって自分に冷たい目を向けられはしないかという不安を抱いた。

とくに(2)や(3)に該当する場合、あなたの側に反省すべき点があったかもしれません。

Q4 「部署内解決」には課長として、どういう点を心がければよいでしょうか?

A 何よりも管理職と部下との信頼関係の構築に努めてください。

何か問題があったとき、課員がすぐに課長に相談できる、そのような風通しのよい職場の雰囲気を日常的に作ることです。そして、本人が秘密にしてほしいことはそれを尊重すること、些細な報告・相談でも真摯に聞き取り、迅速、適切に対応することです。

また、日頃から次のようなメッセージを発することも必要です。「もし私に言いにくいことがあれば、私の上司の部長に話してくれ。そうすれば、他部署を煩わすことなく部署内で問題を解決することができる」というメッセージです。これも「部署内解決」の一環であり、その部署における自浄作用が発揮されたものと評価されることになります。

なお、部下が内部通報を行ったときでも、それを批判したり、犯人探しをしたり、その部下に嫌がらせをしたり、悪い評点を付けたりしてはいけません。決定的に信頼関係を壊し、雰囲気の悪い職場に変化しています。

Q5 私の課の社員が不正行為を行っている模様です。問題が重大で他の部署の社員も関与しているようです。私はどのように行動すればよいでしょうか?

A とりあえず、あなたの上司（部長など）に相談するとともに、社内通報窓口（内部通報事務局）にも通報すべきです。

問題が重大で関係部署が多いようなときは、早い段階で内部通報事務局の関与を求め、幅広い横断的連携のもとに事実調査を行う方が効率的です。

内部通報事務局は組織上、通常はコンプライアンス部門と直結しており、取締役や監査役、顧問弁護士などとの協働のノウハウも持っています。事実調査の過程を見ながら、対外的公表などの措置についても遅滞なく対応することができるはずです。

Q6 ある内部通報案件について、内部通報事務局から事実調査の協力要請がありました。どのように対応し、どういう点に留意すべきでしょうか？

A まず、誰から聞き取り調査を行うのが適当か、アドバイス、提案をしてください。

事実調査の中心は関係者からの聞き取り調査です。内部通報事務局は対象部署の人的関係を詳しくわかっていないはずなので、その部署の管理職に、適当な聞き取り調査の対象者や場所、時間などについてアドバイスや意見を求めてきます。また、聞き取り調査そのものも同管理職が当たってくれるよう、また協働して当たってくれるよう要請することもあります。

その際に注意すべきは、聞き取り調査の対象者の名前やその聞き取り内容を内部通報事務局以外の社員（上司も含め）に漏らさないことです。被通報者については別ですが、もし嫌疑がなくなった場合も同様です。そういうルールと信用があってこそ、事実調査が適切、効率的に実施することができるのです。内部通報案件にかかる事実調査の協力者も一定の守秘義務を負うことが内部通報規程などに明記されているのはそのためです。

4 経営者の立場から

> **❗ポイント**
> ▶経営トップがまず内部通報の意義を理解し、それを社内で啓蒙するべき
> ▶内部通報は社員の義務であり、通報者に不利益を被らせないのが経営者の責任
> ▶子会社・関連会社は統合内部通報制度に一本化するグループと、それぞれ独立の制度を持つグループに分かれる

　この章の最後は、経営者の立場に立ってのQを取り上げます。

　今日、内部通報制度がまだ十分に活用されていない原因の1つは、多くの経営者がこの制度に対して未だ無関心、不熱心であることです。

　企業不祥事を起こさないためのキーワードは「内部統制システム」であり、それは経営者自身の目配りを直接社内の隅々にまで行きわたらせることが不可能であるため、それを補う制度（システム）として設けられています。内部通報制度は、その内部統制システムの重要ツールの1つです。

　したがって、経営者は内部通報制度に対して無関心、不熱心でいられるはずはないのです。

　以下のQ＆Aで、この制度に対する理解をさらに深めていただきたいと思います。

> **Q1** 内部通報と聞くと、「密告」や「告げ口」という言葉を連想し、それを奨励するような制度だとすれば違和感を覚えます。内部通報と密告は違うのですか？

A　「密告」とは、（客観的な定義はありませんが）「利に誘われて、または怨念から、人や仲間を売る、裏切ること」です。正義のための行為であ

る「内部通報」とは似て非なるものです。

　内部通報は、会社の中で行われている不正行為等を察知した社員がその事実を会社に速やかに知らせるための行為です。利に誘われて同僚を売るわけではなく、その同僚に恥をかかせるのが目的でもありません。

　もし、その社員が不正行為を察知しながら「見て見ぬふり」の態度をとっていればどうなりますか。その不正行為にブレーキがかからず問題が深刻化したり、「内部告発」によっていきなり「企業不祥事」として世間に醜態をさらすことになります。

　会社の管理監督者は常に部下の言動に目配りをし、不正行為等を防止する責任を負っています。取締役や監査役は、法律上そういう「監視義務」を負っています。しかし、そういう職務を担う者だけで、社内のすべての不正行為、コンプライアンス違反事象を見逃さずに捕捉することはとうてい不可能です。

　ところが、各職場においては、もし誰かが不正行為を行えば、同僚や上司などがそれを察知・発見し得るチャンスは十分にあります。内部通報制度は、そのようなときに会社としてその情報をいち早くキャッチするためのしくみです。そして、組織内の自浄作用によって、内部告発等で外部に不祥事情報が伝わる前にそれを是正し、正常化するための制度です。

　「密告」などのイメージの悪い言葉に引っ張られることなく、またそれを弁解に使うことなく、この制度の存在価値を正しく認識してください。

Q2 私は常にコンプライアンス経営の徹底を提唱し、教育しているので、内部通報制度の必要性をあまり感じていません。それでも、この制度の整備にエネルギーを注ぐ必要があるでしょうか？

A　コンプライアンス経営が本当に社内の隅々まで徹底しているという自信があるのなら、そして客観的にもそのとおりなら結構なことですが、それが将来も続くという考えであれば、楽観的すぎると思います。

　会社や団体において、不正行為やコンプライアンス違反事実がまったく

発生しないということはあり得ません。最近大騒ぎになった、東洋ゴムの「免震ゴムの性能偽装事件」もそうですが、経営者も世間も「まさか」と思うような企業不祥事が毎日のように報道されているのがその証拠です。

そして、内部通報制度がかなり浸透してきた最近では、もし万が一そのような不祥事が明らかになったとき、「その会社では、なぜ内部通報制度が機能しなかったのか」ということが問題にされ、経営者の責任が厳しく問われます。

その結果、経営者が不熱心、怠慢であったためだと評価されると、そのために会社に損害を与えたとして、個人として損害賠償責任を負わなければならない事態にもなります。

後に紹介する株主代表訴訟の例を見れば、その責任の重さや賠償額の大きさに驚愕されるはずです。

社内で不正行為等が発生することを想定して、そのとき経営者が速やかにその事実を把握し、適切に対応できる態勢をとっておくことは、会社経営者として避けてはいけない職責です。そのために、内部通報制度は必要不可欠の制度であることを認識すべきです。

> **Q3** 内部通報制度が適切に運用されるように、経営トップがなすべき課題は何ですか？

A 次の3点がとくに重要です。
(1) 経営トップ自身がまず内部通報制度の重要性を認識、理解すること。
(2) 社員に対し、内部通報制度の意義を説明、啓蒙するとともに、これを積極的に活用することを促すメッセージを発すること。
(3) 内部通報を行った社員がそのために不利益を被ることは絶対許さない、と宣言すること。

今日、企業や団体において、内部通報制度がいまだ十分に普及せず、活性化していない大きな理由は上記(1)、(2)に原因があります。経営トップ

の認識、決断、行動が重要です。

　(2)に関して付言しますと、経営トップのメッセージの中に、「内部通報を行うことは社員の義務である」ということを明確にすべきです。

　内部通報は、それが必要だと感じても行動に移すには相応の勇気を必要とします。通報することによるリスクが高ければ、より大きな勇気が必要になり、尻込みをし、「見て見ぬふり」をしておこう、という気持ちになります。そういう社員の背中を押すのが「通報は義務である」という経営トップからのメッセージです。「義務」と言われると、誠実な社員は内部通報せざるを得なくなります。

　また、「義務である」というメッセージは、「密告」という（間違った）後ろめたさを払拭する効果もあります。

　もっとも、法律的義務とまで言うのは、労務提供が本来の義務である従業員には行きすぎである、という考え方があります。そうであれば、制裁（サンクション）のない義務とするとか、道義的義務として訴える、とかの方法もあります。

　また(3)について補足しますと、社員に「内部通報は義務である」というメッセージを発する以上、それとセットで、「内部通報をした社員がそのために不利益を被ることは許さない」という強いメッセージを発することも必要です。内部通報制度の活性化を阻んでいるもう1つの大きな理由がこの点にあるからです。

　つまり、自分が内部通報したという事実が明らかになり、そのことから上司や同僚から嫌がらせを受けたり、会社側から不当な処遇（配置転換とか低評価）を受けることはないか、という不安とリスクが、内部通報をしようとする社員に通報を躊躇させてしまうのです。

　多くの場合、そういう現象は中間管理職や各職場で発生する問題ですが、経営トップが「通報によって不利益を被ることは許さない」と宣言することによって、そのような不適切な行動を牽制する効果があります。

　また、その一環として、上級管理職や経営トップと言えども通報者の氏

名等の秘密を遵守すべきで、自らもそれを知ろうとしてはいけません。「オリンパス事件」を通じて、この面で経営トップも信用できないという不信感を社会全体に植え付けてしまいました。

Q4 一般社員が社内の不正行為等を察知したときは、内部通報を考えるよりも、まず上司に報告、相談して問題の解決に当たるのが本来ではありませんか？

A そのとおりです。これを「部署内解決」と呼び、内部通報より優先させるべきことは本書でも繰り返し述べてきたところです。

部署内解決とは、不正行為等が察知されたとき、その部署の管理職またはその上の管理職等に情報が共有され、彼らの行動によって不正行為の中止や是正が行われることです。その部署における自浄作用とも言えます。

ただし、この部署内解決が奏功するには、中間管理職の資質や日頃の風通しのよい職場環境が重要になってきます。管理職が部下から信頼されていない場合では、この形での問題解決は困難となります。また、管理職自身が不正行為を行う場合もあります。

内部通報制度は、部署内解決が奏功しないときのために用意しておく制度であるとも言えます。

経営トップとしては、不正行為が発生したときは、まず部署内解決が図られるべきであり、また、それが期待されていることを全社員に表明するとともに、それに必要な中間管理職等の人事や教育等にも十分配慮すべきです。

Q5 ある企業不祥事が発生し、調査したところ、当初一般社員から管理職にその情報が伝えられていたのに、その管理職がそれを必要な部署に伝えなかったため、会社として対応が遅れたことがわかりました。このような場合の対策はどうすべきですか？

A このようなケースはときどき見受けられます。いわゆる管理職の「情報握りつぶし」ということです。その現象や原因については、第1章の第12項に詳しく解説しておきましたので、ご参照ください。

一般社員に内部通報の義務を課すことは行きすぎだとしても、この場合の管理職の行為は重大な義務違反であり、許すことはできません。

このような事態を事前に防止する対策としては、次のとおりです。

(1) 内部通報規程において、明確なルールを定め、それを周知することが必要です。

第4章に掲載した規程文例では、「部下から不正行為等の報告・相談を受けた管理職は、その情報を必要な部署と速やかに共有することに努めなければならない」(第2条の第2項)としています。

(2) 管理職研修などで、(1)のルールを徹底的に教育することです。

(3) もし(1)のルールに違反したときはしかるべき制裁を課すべく、その制裁ルールを事前に定めておくべきです。戒告より厳しい減給でもよいように思います。とくに、この管理職の不適切な行為のために会社が損失を被った場合等では重い制裁にすべきです。

Q6 内部通報制度を設けているにもかかわらず、ほとんど利用されていません。その理由は、どういうところにあると考えられますか？

A 考えられることを列挙してみましょう。なお、詳しくは本書の随所(第1章の第13項など)で、対策を含めて解説しておりますので、併せてご確認ください。

(1) 社員の多くが制度の存在やその利用方法を知らない。興味もない。

(2) 社員が会社や経営幹部を信用していない。会社がコンプライアンス経営に熱心だとも思っていない。こういう制度に嫌悪感を抱く幹部がいることも知っている。

(3) 身辺で不審な行為を察知しても、「知らぬふり」、「見て見ぬふり」

をする習慣が職場に定着している。
(4)　過去に内部通報をした社員が不愉快な経験をした。例えば、通報したことを職場の同僚にすぐ知られた。通報窓口の担当者が不親切、信頼できない。上司に嫌がらせをされた。
(5)　ある職務を専門的担当者が一人で長年担当しており、他の者にはその内容が見えないし、わからない。

　ただし、上記(5)の場合を除き、誰かが不審行為を行っているのに周辺の誰もそれを察知できない、そのために内部通報のしようがない、ということはめったにありません。
　不正経理操作（所得隠し）、架空取引、談合やカルテルの言動、インサイダー取引、取引先との癒着、食品の虚偽表示、検査データの改ざん、反社会勢力との交際、秘密情報の漏えい、また、学校における生徒のいじめ等々、これらのどれをとっても、もし不審な事実が実際にある場合は、職場内の誰もその事実を察知し得ないということは想像できません。
　問題社員の言動、例えば、出社・退社時間、退社後の時間の過ごし方、電話の会話、お金の使い方などを見ていると、また、作成されたレポートや帳票を垣間見れば、「何かおかしい」ということが必ずわかります。学校のいじめ問題でも、双方の生徒の態度に兆候がないことはまずありません。
　つまり、不審行為を察知できなかったから内部通報をしなかった、という弁解は通らないのです。
　ということは、誰かが不審行為を察知していたのに「見て見ぬふり」をして黙っていたというのが、結果として企業不祥事が露見した会社の実態なのです。
　ここから、次の論理を導くことができます。いったん不祥事が表面化した場合、よほど例外的な場合を除き、経営者が善管注意義務違反の責任を免れることはありません。なぜなら、内部通報制度を整備し、不正行為等があれば、すぐにその情報が上層部に伝わるようにするという責任を怠っ

たということが自動的に推定されるからです。

　一方、上記(5)の場合は、たしかに内部通報制度によって、その社員の不正行為情報を把握することは不可能です。2015年に発覚した東洋ゴムの耐震ゴム検査データの改ざん事件もこの部類かもしれません。別の対策が必要です。

　なお、本論からはそれますが、例えば、次のような対策を挙げることができます。

(1)　その職務に複数の担当者を当てる。少なくともその職務がわかる社員を貼り付ける。
(2)　長年同一職務に固定することを避け、少なくとも近隣部署間で業務のローテーションを行う。
(3)　職制や所属を明確にし、報告を省略させない（実質的上司が誰かあいまい、上司もその職務をわかっていないという場合がある）。
(4)　定期的に休暇をとらせ、その間内部監査部門による検査を行う。

Q7 子会社、関連会社（海外を含む）等の内部通報制度は、どのように整備すればよいでしょうか？

A　親会社と同じ程度、またはそれ以上の重要性があるという認識を前提にして制度設計してください。

　不正行為やコンプライアンス違反事象は本社よりむしろ、規模の小さい支店・工場において、また親会社よりむしろ子会社・関連会社（海外を含む）において発生することが少なくありません。したがって、そういう部門や関連会社を軽視しないことが重要です。

　ただし、子会社や関連会社などが多い場合、その全法人にそれぞれ通報窓口（事務局）やその上部組織を設けることは、経費がかさむうえ、必ずしも必要とは言えません。

　規模も大きく、独立性も高く、業態も異なる子会社はそれぞれ独自の制

度を持つことが好ましく、そうでない子会社等は親会社やホールディング会社の統合通報窓口（事務局）に一本化する、この二本立てパターンが適切ではないかと考えられます。

　ただし、グループ企業である以上、案件によっては情報を共有すべき場合もあり、少なくとも事後的には統合された記録や統計を保存しておくべきです。それによって、個別案件の処理に当たってその対応のノウハウを利用し合える場合もあり、また、グループ企業全体としてのコンプライアンス状況を把握することが可能となります。

第4章

内部通報制度運用規程の作り方

1 規程に記載すべき基本的事項

　ここでは内部通報制度の運用のルール、つまり内部通報制度の運用に関する規程を策定する場合の留意点などについて解説します。

　規程に記載すべき基本的事項はおおむね下記のとおりです。

1	総則	規程の名称、規程・制度の目的、部署内解決との関係　など
2	内部通報の内容	定義、通報者の範囲、通報の窓口、通報の方法、匿名通報、通報者への通知、社外窓口から会社への報告、通報内容の調査、調査後の措置、是正措置　など
3	当事者の責務	通報者の保護義務、調査協力義務、守秘義務　など
4	付則	施行日、社外窓口の表示、主幹部署　など

2 規程を設ける場合の全般的留意事項

(1) 内部通報に関する規程はまず、簡明で、理解しやすく、使い勝手のよいものであることが必要です。

なぜなら、この規程は特別な例外的事象が生じたときに、はじめて読んで認識するものではなく、役職者を含め全社員が常に理解し記憶にとどめておき、いつでも利用可能な状態に置いておくべきルールだからです。

その観点から、規程自体にあまり完璧性、網羅性を求めるのはよくありません。条数が多くなったり、用語の定義や概念規定に神経質になると、かえって社員に読まれないものになってしまい、感心しません。むしろ、規程の行間を気配りの込めた運用によって埋めていく、というのがこのルールの性格としては好ましいと言えます。

(2) 内部通報制度に関わる社員らには立場の違いがあります。通報者の立場、被通報者(問題の行為者)の立場、問題部署の管理職の立場、通報を受けて調査を担当する人の立場、その調査に協力する人の立場、等々です。

規程は、そのいずれの立場の人たちにとっても、納得のいく、合理的な制度となるように設計されなければなりません。

(3) とくに、通報者(あるいは通報者となろうとする人)の立場に配慮した規定は十分すぎるくらいに盛り込む必要があります。なぜなら、それが内部通報制度を活性化させるための最大の手段ともなるからです。

社員は、何の得もなく(高い見地からは得につながるとは言え)、リスクがある内部通報をするのです。そのリスクを最小限にするルールやしくみを、目に見える形、実感できる形で提示する必要があります。そうしな

いと、いくら制度を作っても社員は誰も利用しようとしないという結果を招きかねません。

　社員に向かって、「内部通報制度を利用することができますよ」と言うのは「上から目線」。そうではなく、「不祥事を起こさない、よい会社にするために内部通報制度をぜひ利用してください」というのが本来のスタンスです。

　(4)　他方、「違法・不正行為等を察知しているのに『見て見ぬふり』をすることは共犯者と同一視されかねませんよ」というメッセージも堂々と伝えるべきです（そういう態度に制裁を加えるかどうかは別ですが）。

　上記(3)と(4)の両方を駆使しながら、会社も社員もともに幸福になるようなコンプライアンス経営を目指す、その有力な手段が内部通報制度だと認識してもらいたいものです。

　(5)　制度の運用が開始された後でも、各関係者の意見に常に耳を傾け、よりよいものに改善していく努力もおろそかにしないことが大切です。

　制度を設けたのに予想外に利用度が低いという場合などは、この規程のどこかに改善の余地があると考えてみることです。

　(6)　この規程を、経営トップから新入社員にまで広く説明し、周知することが重要です。これは言うほど簡単なことではありません。様々なツールを使って、何度も繰り返し行う必要があります。

　ちなみに、すでに内部通報制度の運用がかなり普及している某会社で、社員らに対しこの制度の存在を知っているかというアンケートを実施したところ、「ノー」という回答をした社員が予想外に多く、関係者がショックを受けたという話を聞きました。

3 「内部通報制度運用規程」の文例

　次ページ以降に「内部通報制度運用規程」の1つの文例を紹介しておきます。

　ちなみに、これは当栄光綜合法律事務所推奨の文例でもあります。

　あえてこの規程案の特色を言えば、①社外窓口（弁護士）の役割を積極的に捉えている、②通報者の保護を重視している、という点にあります。

　とは言え、これはあくまで1つの文例にすぎず、会社の規模、業態、企業風土、経営指針等により、各社各様にその具体的しくみや表現が変化するのは当然のことです。あくまで1つの参考としていただければ幸いです。

　なお、基本的に会社（企業）を前提にした用語を用いていますが、それ以外の団体や組織の場合は適切な用語に置き換えていただくことで、十分お役に立つものと思います。

　近年、学校法人や医療法人、NPO法人等においても、ガバナンスや内部統制の欠陥から少なからぬ件数の不祥事が発生しています。その中には、かなりの割合で、もし内部通報制度が用意され、機能していれば防止できたであろうと思われるものがあります。

　内部通報制度は、そういう団体や組織においても、今後採用が進むものと期待されています。

内部通報制度運用規程(文例)

第1章　総　則

第1条(目的)

　本規程は、当社の業務に関し、違法行為、不正行為、就業規則等社内規定に違反する行為、反倫理的行為、またはそれらと疑われる行為があった場合、会社が速やかにその事実を認識し、適正な是正処置を講ずることができるように、社員等から内部通報がなされることを期待する見地から、そのしくみを定め、もってコンプライアンス経営の強化に資することを目的とする。

第2条(部署内解決)

1　社員等が違法・不正行為等を知ったときは、まず当該部署内において報告・相談等を行うことにより、その是正・解決を図ることに努め、それが困難または不適切と考えられる場合は本内部通報制度を利用するものとする。

2　部下から不正行為等の報告・相談を受けた管理職は、その情報を必要な部署と速やかに共有することに努めなければならない。また、部下がその前後を問わず内部通報をしようとしたときはそれを妨害してはならない。

第3条(内部通報制度の普及・啓蒙)

　役職者を含む全社員は、内部通報制度が違法・不正行為を防止し、コンプライアンス経営に資するものであることを認識・理解し、その普及・啓蒙に努めるものとする。

第2章　内部通報制度の内容

第4条(内部通報の内容)

1　内部通報の内容(対象)は、当社の業務に関する違法行為、不正行為、

就業規則等社内規定に違反する行為、反倫理的行為、またはそれらと疑われる行為(以下、「違法・不正行為等」と言う)とする。
2 次の事項は内部通報の内容に含まれない。
- 会社の経営方針や経営者の資質等に対する個人的な意見、批判、中傷
- 人事に関する単なる不満や意見
- 他の社員の個人的言動に関する批判や中傷
3 内部通報は誠実なものでなければならない。誠実と認められないものは本規程による内部通報として扱われない。

第5条(内部通報者の範囲)
　本内部通報制度において通報者となり得るのは、当社及び当社関連会社において勤務する社員、契約社員、派遣社員、パート従業員、アルバイトとする。

第6条(内部通報の窓口)
　内部通報の窓口は次のいずれかとする。
　(1)　社内窓口：法務部内に設置する内部通報事務局
　(2)　社外窓口(弁護士窓口)：会社が指定する外部の弁護士

第7条(内部通報の方法)
　内部通報の方法は、メールを原則とし、それが困難なときはFAXまたは文書とする。
　内部通報の宛先として用いるメールアドレス及びFAX番号は別途会社が指定する。
　事前相談については電話で行うことができる。

第8条(匿名による通報)
　内部通報者はその氏名・連絡先等を明らかにして通報を行うものとする。そうでない「匿名通報」は本規程による通報として扱われない。

第9条（社外窓口を利用する匿名通報）
　　前条にかかわらず、社外窓口（弁護士）に通報する場合は、同弁護士に対して氏名・連絡先等を明らかにしたうえ、弁護士から会社に対してはそれらを秘匿する「会社へは匿名」を同弁護士に求めることができる。この場合、同弁護士は通報者の同意を得ずに会社に対し通報者の氏名・連絡先等を告げてはならない。

第10条（通報窓口から通報者への通知）
　　内部通報を受けた窓口担当者は（社内・社外を問わず）速やかに通報者に対し、内部通報を受理した事実を伝えるとともに、通報内容の不明な点を確認し、事実調査に関する通報者の意見、要望を聴取するなど、必要な対話を行うものとする。
　　社外窓口（弁護士窓口）の場合は、上記のほか、「会社へは匿名」を求めた通報者に対しそれを最大限尊重することを表明する。

第11条（社外窓口から会社への報告）
　1　内部通報を受けた社外窓口（弁護士）は速やかに社内窓口（内部通報事務局）に対し、内部通報を受けた事実及びその概要を通知する。
　2　同通知に当たり、通報者が「会社へは匿名」を求めている場合はそれを尊重するものとし、また、通報者の不利益となるおそれのある内容を除外することができる。
　3　同通知に当たり、事後の調査等に関し自らの意見を述べることができる。

第12条（通報内容の調査）
　1　社内窓口（内部通報事務局）が内部通報を受理したとき（社外窓口（弁護士）から通知を受けたときを含む）は、速やかに通報内容に関する事実上及び法律上の調査を開始する。
　2　通報内容が会社にとって重大であり、または重大な事態に発展する可能性があるときは（それが以後に判明したときを含む）、速やかにコンプラ

イアンス委員会等にその旨報告し、以後の調査方法についての指示を仰ぐものとする。
　　また、「調査委員会」または「第三者委員会」が設けられたときは、それらによる調査に協力するものとする。
3　通報内容が著しく重要ではないと判断されたときは、内部通報事務局が自らの判断によって調査を実施する。その場合、問題部署の管理職その他関係者に対し直接調査への協力を求め、または調査を委嘱することができる。社外窓口（弁護士）に対し協力を要請することもできる。
4　調査に当たっては、関係者に通報者や被通報者が特定されないよう、またそのプライバシーが侵害されないよう、最大限注意を払わなければならない。ただし、通報者や被通報者に関する推測や噂が流布しないことまで保証するものではない。
5　調査の経過については適宜通報者に連絡し、通報者の意向を尊重しつつ調査を遂げるものとする。

第13条（調査後の措置）
1　調査が終了したときは、内部通報事務局からコンプライアンス委員会及びその他の関係部署に対し、その経過と結果を報告する。ただし、通報者の氏名等、通報者が特定できる情報は通報者の同意がない限り、原則として開示しない。
2　同報告は必要な範囲内で通報者に対しても行う。通報が社外窓口（弁護士）を経由した場合は、同弁護士を通じて報告する。

第14条（是正措置）
　　調査の結果、不正行為等があったと認められる場合は、会社として、速やかにその是正措置及び再発防止策を講じるとともに、必要に応じて、関係者の処分、外部に対する公表を行う。

第3章　当事者の責務

第15条（通報者の保護）
　会社は、内部通報者が内部通報を行ったことにより、いかなる不利益も受けることのないように最大限の配慮を行う義務を負う。会社として不利益な取扱いを行わないことはもちろん、通報者が関係者から不当な批判や嫌がらせを受けることのないよう配慮しなければならない。

第16条（調査協力義務）
　通報内容に関し調査の対象となった部署や関係者はその調査に協力する義務を負う。

第17条（守秘義務）
　内部通報事務局、調査の対象となった部署、調査に協力した部署、その他の部署の関係者を含め、当該内部通報に関する情報を知った者は正当な理由なくその情報を他に漏えいしてはならない。通報者及び被通報者も同様とする。

第4章　付　則

第18条（施行）
1　本規程は平成　　年　　月　　日より施行する。
2　社外窓口（弁護士）として下記弁護士を指名する。
　　　　氏名
　　　　事務所名
　　　　事務所所在地
　　　　電話番号（代表）
　　　　FAX番号（内部通報専用）
　　　　メールアドレス
3　本規程の主幹部署は法務部とする。

4 文例に関する個別説明

✤ 規程の名称

　「内部通報制度運用規程」または「内部通報規則」などが一般的です。

　「内部通報」の代わりに「社内通報」、「ヘルプライン」、「ホットライン」という用語が用いられることもあります。

　上位概念である「コンプライアンスルール」とか「コンプライアンス・ライン」でもかまいません。

　一般的ではない、その会社独特の固有名詞やニックネームでもかまいません。

　それぞれの会社における他の規程類との整合性、重視するコンセプト、対外的にアピールしたい企業イメージなどを総合的に考えてネーミングしてください。

✤ 内部通報制度の目的（第1条）

　先の文例はおそらく標準的なものだと思いますが、この第1条は各社それぞれの特色や企業としてのアイデンティティが表現され、社員に対し、また対外的に打ち出すメッセージを盛り込むところです。

✤ 部署内解決（第2条）

　内部通報制度の必要性や活性化をアピールするあまり、本来その部署内のコミュニケーションによって、つまり直属上司への報告や相談を通して日常的に解決すべき問題まで内部通報制度の範疇となることは好ましいことではありません。この本来のあり方と内部通報制度との使い分け、棲み分けは大変重要なことなので、ぜひ設けたい規定です。

また第2項は、上の本来のあり方に沿って報告や相談を受けた上司が、いろいろな事情で、その情報を「握りつぶす」という現象が珍しくなく、その結果、より重大な事態になるまで問題が表面化しないことがあるので設けておくべき規定です。

✦ 内部通報制度の普及・啓蒙（第3条）

ここでは、この例文に代えて、「一定の状況にある場合、内部通報を行うことは社員の義務である」と明示する選択肢もあるところです。

しかし、管理職はいざ知らず、一般社員にそのような義務を課すことは行きすぎではないか、という意見があり、それに配慮して、本文例は間接的に、内部通報を積極的に考慮するよう勧奨する条文になっています。

ちなみに、「内部通報義務説」に立った場合の条文の案を以下に記載しておきます。

「社員等は、違法・不正行為等があることを知ったときは、まず当該部署内において是正・解決を図ることに努め、それが困難または不適切と思われる場合は、内部通報窓口に通報することにより、当該違法・不正行為等の是正・防止に努めなければならず、それらを黙認してはならない。」

✦ 内部通報の内容（第4条）

文例の場合は内部通報の内容が特定（限定）されており、これは標準的なパターンかと思います。

ただし、内部通報制度を活性化させるために、このような制限を取り払って（記載しないで）「どんな内容の内部通報でもOK」と規定する方法も考えられます。

また、第3項の「通報は誠実なものでなければならない」（「誠実性の原則」と称されることもあります）は言わずもがなではないかとも考えられます。しかし、明らかに誠実性に欠ける内部通報であるのに事実調査やフィードバックを強要されるのは不合理なので、そのような内部通報には以

後の作業を実行しないと告知しておくという狙いがこの規定にあります。

これと似て非なることですが、「通報は違法・不正な行為でなければならない」と記載するのは適当ではありません。通報者に事実や違法性を確認することまで要求すべきではないからです。それは通報受理後に受けた側が調査すればよいことで、通報者の認識においては、「違法・不正行為と疑われる行為」、つまり「何となく不審な行為」というレベルで内部通報をしてもらえればよいのです。

しかし、それでもなお、通報者はその不審な思いが内部通報に値する情報かどうかの判断がつかず、通報をためらうことが少なくありません。それを慮れば、前に述べた「事前相談制度」を規程の中にはっきり組み込むことも考慮するに値します。

❖ 内部通報者の範囲（第5条）

いわゆる「非正規社員」を含めるかどうかについては、含めない、一定範囲を含める、全部含める、などの選択肢がありますが、会社のコンプライアンス経営に関心を持ってもらい、協力してもらうという意味では限定しない方が適当だと思われます。

逆に、同じ趣旨から、「取引先」や「取引先の社員」まで含めることもあり得ます（実例もあります）。下請け会社やその社員などは、本来の社員に準じる点があるので検討の価値はあります。

しかし多くの場合、「真実性」や「誠実性」の判断、受理後の対応や手順が困難なことから、そこまで拡げるかどうかは慎重にならざるを得ません。

なお、文例では、子会社、関連会社の社員等も対象とする規定になっていますが、それらの会社の規模が大きく独立性も高い場合は、それぞれの会社だけの独立した内部通報制度を設ける方が効率性や秘密性などの点でベターです。

海外の支店や現地法人についても同様の問題があります。

❖ 内部通報の窓口（第6条）

　「社内窓口」を社内のどこに設置するかは各社の事情によって異なります。
　多くの場合、法務部門に内部通報事務局（名称はさておき）として置かれますが、ほかには、総務部、内部監査室、人事部、社長直属のコンプライアンス推進室、監査役などに置かれる場合もあり、また、内容ごとに複数の窓口を設ける例もあります。
　内部監査室は日常的に監査業務を担当するので、通報受理後の事実調査にそのノウハウを活用できるというメリットがあります。
　人事部はセクハラ、パワハラ等の通報にどこかの段階で関与することが多いので、その分野では効率的と言えます。
　監査役は会社のガバナンス上、立場を異にするので、通報受理窓口としては適切ではありません。
　いずれにしても、通報者が困らないように、具体的な宛先として、部署名（役職者名）、メールアドレス、電話・FAXの番号等を告知しておく必要があります。

　社外窓口（弁護士）を置かずに社内窓口のみで対応している会社も少なくありません。しかし、前にも述べたように、社外窓口（弁護士）には大きなメリットがあり、設置しないという選択肢は今や考えられません。
　小規模の会社ではコストが問題になる場合もあるかもしれませんが、逆に、小規模の会社での社内窓口はほとんど適切な機能を期待できません。通報者や被通報者の秘密やプライバシーを守ることが困難だからです。

　子会社、関連会社等、企業グループを統括した内部通報制度を設ける場合も少なくありませんが、その場合の通報窓口は、各社ごとに設けず、「統轄窓口」が設けられることになります。
　この場合も、「統轄社内窓口」と「統轄社外窓口（弁護士）」を設けるのが普通です。

なお、商業的に運営される専門の内部通報受託会社というものもありますが、これは機能が少し異なるため、本書では説明を割愛します。

社外窓口（弁護士）の具体的表示、つまり、弁護士（法律事務所）の住所、氏名、メールアドレス等については、規程の本文中に表示してもよいのですが、文例のように、規程末尾の「付則」に表示するか、別の伝達・広報の方法で告知する方がベターかと思います。それは本文を簡潔にするため、また同一の弁護士が長期間継続して担当するとは限らないためです。

❖ 内部通報の方法（第7条）

通報者にとって便利なように、電話、FAX、文書、面談（口頭）などを含め、「どういう方法でもOK」というルールもあり得ます。しかし、文例ではかなり限定的なルールとなっています。

メールを主たる通報の方法としたのは、経験的に最も使い勝手がよいからです。メールは送信する側も受信する側も面倒さがありません。返信や対話も容易です。自動的に記録としても残ります。パソコンを適切に管理している限り、他人に見られるおそれもありません。通報者が匿名を希望する場合（歓迎はしませんが）、ハンドルネームやメールアドレスだけでは個人を特定できず、その状態で当面の対話を行うことができます。

電話は、特定の部屋、録音装置、反訳の労力、以後の対話も想定する場合はその時間・人・場所などの問題があります。またFAXは、誰でも閲覧できないように、特定の場所を用意する必要があるなど、管理に注意を要します。そういう理由で、本文例では電話、FAXについては消極的な対応になっています。

ただ、「事前相談」（これについては本書の該当部分を参照してください）は、通報の受理に至る前段階でもあり、社外窓口である弁護士との会話が主になるという前提で、電話でも上記のような障害はほとんどないと考えられます。

なお、情報セキュリティの観点からメール（インターネット）に消極的な会社もあります。

✤ 匿名による通報（第8条、第9条）

　匿名による内部通報を認めるかどうかについては、両方の考え方があることは前に述べたとおりです。本書の立場は（文例も）、匿名通報を認めないことを基本とし、ただし、その補完措置として、「社外窓口（弁護士）」を利用し、そこには氏名等を明らかにしつつ、そこから会社に対しては匿名で手続を進める「会社へは匿名」という方法を提唱しています。

　匿名通報を認める場合の表現としては、「匿名での内部通報も受理される。ただし、調査の過程・是正措置等について通報者へフィードバックすることは困難となる」などと記載しておくことが考えられます。

　なお、匿名通報は禁止とされていても、ときどき匿名通報は寄せられます。そして、実際にそれが窓口に到達したときは、内部的には門前払いするわけではありません（しようとしてもできません）。

　また、本文例が想定しているしくみにおいては、匿名通報を禁止しても通報者が困ることはありません。社外窓口を利用すれば匿名性は一応保持できるためです。

✤ 通報窓口から通報者への通知（第10条）

　社内・社外を問わず、内部通報を受理した窓口担当者は、匿名通報でない限り、速やかに通報者と一定のコミュニケーションを図ります。その内容としては、(1)通報を受理した事実を告げ、(2)通報内容に不明確な点があればそれを確認し、(3)（社外窓口の場合は）「会社へは匿名」を求める通報者には最大限それを尊重することを約束し、(4)問題事象の追加情報や職場での通報者探し・嫌がらせ等があればそれを連絡するように求め、(5)事実調査等に関する通報者の意見や要望を聞き取ることなどです。

　これらを要約して条文化したのが本文例の表現です。

✤ 社外窓口から会社への報告（第11条）

　社外窓口（弁護士）が内部通報を受理した場合、その弁護士は、まず通

報者と一定の対話をし、その後できるだけ早く、社内窓口に対し、内部通報を受理した事実及び通報内容の概要を連絡します。

　ただし、本文例が想定しているしくみにおいては、その連絡は単なる中継ではありません。通報者が「会社へは匿名」を求めた場合にそれを尊重することはもちろん、受理後に通報者と交わした対話内容を含め、必要な情報と自らの心証をも社内窓口に伝達します。逆に、通報者が希望しない、または通報者の不利益になるおそれのある内容は除外し、また婉曲な表現にとどめたりもします。さらに、以後の事実調査に関し意見を述べることもあります。

　社外窓口（弁護士）の機能や役割については、必ずしも会社側の考え方が一定しているわけではありません。担当弁護士の内部通報制度に対する知見や認識によっても変わりますし、会社がどういう役割をその弁護士に期待しているかによってもかなり変わってきます。

　会社によっては、時間を置かずに、かつ通報内容をストレートに（匿名希望の場合はそれを除き）伝達してほしい、あとは会社内で処理する、というスタンスの会社があります。

　逆に、社外窓口（弁護士）が通報者と十分対話し、通報者の疑問や質問に回答し、アドバイスもし、できればそこで問題が解決することを期待するとともに、そうならなくても、会社として以後何をなすべきかについての意見を添えて会社に報告してほしい、というスタンスの会社もあります。

　前者は「中継機能」を、後者は「捌（さば）き機能」を期待していると言えます。本文例は後者に傾いたものになっています。

❖ 通報内容の調査（第12条）

　通報内容に関する調査（事実及び法的評価に関する）は、まず「内部通報事務局」によってその方法が検討され、準備が進められます。

　内部通報事務局とは、これまで「社内窓口」を務めてきたのと同じ部署で、多くの場合法務部門内に置かれています。この呼称は１つの案にすぎ

ず様々です。通報の受理まではその「社内窓口」として機能し、受理後は通報内容に関する調査や是正措置等に際し、その事務局的機能を担当することになります。なお、これと異なるしくみも考えられます。

　内部通報事務局は、通報内容が比較的軽微であると判断されるときは、その調査の方法や聞き取り調査の担当者・対象者などを自ら立案し、かつ実行します。問題部署の管理職等に調査を委嘱することもあります。法律問題を含む場合等は社外窓口（弁護士）の協力を要請することもあります。

　しかし、通報内容が会社にとってきわめて重大なものであり、あるいは重大なものに発展する可能性があると判断されるときは、事務局が独自で事実調査を開始することは適当ではありません。まず上位機関または担当役員等に報告し、その指示を仰ぐことが必要です。
　場合によっては、早くもこの段階で「コンプライアンス委員会」等が開催され、調査方法や対外発表のタイミング等を含め以後の方針が検討、審議されることがあり、その結果、横断的な調査委員会が編成されたり、第三者委員会に調査が委嘱されることもあります。

　事実調査は通常、問題部署の周辺に、内部通報に基づく調査が行われていることが知られないような方法で進めます。また、通報者や被通報者が特定されないように注意を払いながら進めます。
　しかし、通報者に対し「絶対わからないように進めます」などと保証することはできません。極力努力はするものの、過大な期待を通報者に抱かせるのもよくありません。もし、通報者が周囲に知られたり、何らかの不利益を受けたりしたときは、別の方法で救済することを考えます。
　調査のテクニックやノウハウについては本書の第2章の第3・4・6項でもいくつか紹介していますが、かなり経験的、専門的知見を要求されるところです。聞き取り調査に弁護士が同席する場合もあります。

✤ 調査後の措置（第13条）

　調査が終了したときは、その結果について、事務局からコンプライアンス部門の責任者をはじめ、別にあるルールや慣例に従って社内の関係部署に報告がなされます。

　軽微な案件で通報受理時に報告を行っていなかった場合は、通報受理の経過及び通報内容も合わせて報告されます。

　その際、問題事象に関する単なる事実認定の報告だけでなく、違法性・妥当性の判断についても意見を上申することになります。したがって、その判断が困難なときは事前に弁護士等の意見を聞いておく必要があります。

　この報告に対しさらなる調査の指示があれば、事務局としてそれにも対応することになります。

　なお、これらの報告に当たっては、通報者が特定できるような情報（氏名、連絡先等）は原則として開示しません。経営幹部に対しても同様です。経営幹部と言えども、通常通報者に関する情報を受け取る必要はないうえ、通報者が不当な批判を受けたり不利益な扱いを受ける危険につながるおそれ（あるいは通報者がそう危惧するおそれ）がなきにしもあらずだからです。

　調査結果はまた、通報者に対するフィードバックとして、通報者にも報告されます。社外窓口（弁護士）が受理した通報の場合は、その社外窓口を経由して報告することになります。

✤ 是正措置等（第14条）

　調査の結論が出てその報告等が完了すれば、次に、関係者の処分、組織の変更、人事の異動、業務マニュアルの見直しなど、いわゆる是正措置及び再発防止策が決定されます。また、必要と判断される場合は対外的公表等も行われます。

　ただし、この段階は会社としての業務執行の範疇であり、経営トップが

判断したり、その前提として「コンプライアンス委員会」等が開かれたりするので、事務局が主導的な役割を果たす場面ではありません。

また、内部通報制度の範疇を超えているという観点から内部通報規程にその内容を詳しく記載することもないと思われます。

もっとも、軽微な通報案件については、事務局と問題部署の管理職とが協議して現場で解決できる場合（部署内解決に近くなる）も少なくないと思われます。その場合でも、内部通報の処理の経過として記録には残しておくべきです。

✤ 通報者の保護（第15条）

本文例におけるこれまでの項目は、内部通報の受理から是正措置まで一連の手続に関するもの（言わば「手続規定」）でしたが、この第15条では、章を改め、「当事者の責務」として、これらの過程において、各関係者が遵守しなければならない事項をまとめて記載しておくことにしました。

その１つが「通報者の保護義務」です。これは会社として社員等に約束し、遵守する義務です。

この趣旨の規定がいかに重要であるかは、すでに細かく述べたところです。

なお、まだ一般的なルールとはなっていないため、本文例には採用していませんが、内部通報を促すための政策的配慮として、次のような規定例もあります。

「内部通報の内容に通報者自身も関与しており、通報に自白的要素が認められる場合は、処分等の際それを通報者に有利な事情として斟酌することができる。」

いわゆる「リニエンシー」（自主申告による責任の減免制度）の考え方です。これについては、第１章の第３項で解説しています。

✤ 調査協力義務（第16条）

　問題となった部署の管理職等は、法務部員や弁護士が調査に乗り込んでくると抵抗感や不快感をあらわにすることがあります。ときには、非協力的態度をとる場合もなくはありません。

　そのために、当然のこととは言え、本文例のような規定を置いておく意味があります。

✤ 守秘義務（第17条）

　この規定には通報者及び被通報者も含まれます。事実調査の過程でそれぞれ相手方に関する情報を入手する（推測も含めて）ことがあり、これを恨みや中傷とからめて他に吹聴するケースがときに見られます。そんなことになれば、その部署の職場環境は通報前よりも悪化してしまいます。そういうことをさせてはいけません。

　文例中の「正当な理由」というのは、ある意味では危うい表現です。この「正当な理由なく」という表現をまったく記載しないというのも躊躇されますが、少なくともそれは主観的なものであってはならず、弱いものであってはならず、管理職や経営上層部であってもそれだけで正当な理由にはならない、そのような意味で厳格に解釈されなければなりません。

✤ 付則（第18条）

　付則として記載すべき事項には、次のようなものがあります。

- 社外窓口（弁護士）の具体的氏名、住所、メールアドレス、プロフィール等
- 規程の施行日
- 規程が改正される場合の方法、手順
- 規程やその変更を社員等に告知、周知する方法
- 規程の主管部署

第5章

実際例から学ぶ内部通報制度

1 オリンパス事件の教訓

!ポイント
- ▶内部通報を行ったことを理由とする不利益処分、嫌がらせは許されない
- ▶公益通報者保護法の適用がなくともこの点は同じ
- ▶内部通報に対する対応に企業の体質、品位が表れる

　第2章の第13項で内部通報者への嫌がらせや不利益処分に対する対応について解説しましたが、関係する最近の裁判例としてオリンパス事件があります。

　オリンパスの従業員が、会社が取引先から機密情報を知る社員を引き抜こうと動いていた行為を問題視して内部通報を行ったところ、それを受けたコンプライアンス室から通報者の名前や通報内容が上司や人事部長に伝えられました。その結果、通報者が不本意な閑職への異動を命じられた、というのが問題の発端です。

　内部通報を行った社員は、配置転換が業務上の必要性を欠き、あるいは通報者への報復目的でなされた濫用的なものであるとして訴訟を提起しました。請求内容は配置転換先で就労する義務がないことの確認と、配置転換とその後の処遇を理由とする損害賠償請求です。

　この事件では、誰が内部通報したのかを通報窓口（コンプライアンス室）の担当者が通報者の上司に知らせてしまったこと、訴訟係属後に会社側がさらに2回目、3回目の配置転換を命じていることが特徴的です。

　第一審（東京地裁）は、本件の配置転換は業務上の必要に基づいて行われたものであると認定し、また、通報内容が公益通報者保護法上の通報対象事実に当たらないとして、原告社員側の主張を退け、社員側を敗訴とし

ました。

　これに対して、控訴審（東京高裁）は、事実経過から見て本件配置転換は内部通報者に対する制裁としてなされたものと認定して、社員側の請求を認めました（賠償請求については一部のみ認容）。

　その判断の根拠として、前回の人事異動のわずか半年後に本件の１回目の配置転換がなされていること、原告社員が内部通報を行って間もない時期に配置転換がなされたことを指摘しています。また、２回目、３回目の配置転換についても１回目の配置転換に引き続く一連の処分であり、濫用的なものであると判示しています。

　逆転敗訴となった会社側は最高裁に上告しましたが、最高裁でも控訴審の判断がそのまま認められ、原告社員の勝訴が確定しました。

　内部通報を行ったことを理由として、会社が社員（通報者）に対して嫌がらせや不利益処分を行うことが許されないことは本書でも再三述べてきたところです。解雇や配置転換といった明確な処分のほか、事実上の嫌がらせも（もちろん、パワハラ等も）許されません。

　オリンパス事件では配置転換のほかにも、会社が通報者に「○○君教育計画」などとして、あえて生産性の低い作業を強要するなどしており、この点も不法行為を構成するものと認定されています。

　この事件では、通報窓口の担当者が通報者の氏名を明らかにしてしまったために制裁的な配置転換がなされており、この点も見逃すことができません。

　オリンパスの内部通報規程においても、通報窓口の担当者には守秘義務が課されており、担当者の対応は明らかな規程違反です。通報窓口の担当者自身が規程を理解せず、あるいは軽視していたのです。

　しかし、会社はその後、その行為を正当化するために、通報窓口の守秘義務に関し、「正当な理由が認められる場合には通報者の氏名等を必要最小限の範囲で開示できる」と逆に後退させる規程変更も行っています。

オリンパスの内部通報制度に対する考え方は、まさに時代錯誤と言うほかありません。
　勝訴した通報者は、消費者庁の実態調査に対し、「オリンパスのような悪質な会社には法改正によって、謝罪広告とか資格剥奪とか、罰則規定が必要だ。そうなれば会社も変わる」と意見を述べています。

　なお、オリンパス事件における通報内容について、第一審も控訴審も、公益通報者保護法上の通報対象事実ではなく、企業倫理上の問題行為を指摘するものであるとし、そうであれば公益通報者保護法による保護はないとしています。
　この指摘自体は正しいものですが、公益通報者保護法の適用があろうとなかろうが、濫用的な解雇や配置転換が許されないという点には変わりなく、この点は改めて正確に認識しておく必要があります。

　もう一点指摘しておきたいのは、この事件によってオリンパスが失ったものの大きさです。
　内部通報制度に対する理解が欠如していた、そして内部通報に対する対応が著しく適切さを欠いていたことから、同社の企業イメージや対外的信用は大きく毀損しました。報道でも大きく、また何回にもわたって取り上げられ、同社による損失隠しの事件とも相まって、単発の不祥事という以上にオリンパスという企業の体質そのものに問題があるのではないかという不名誉な評価を受けることにもなりました。さらに、その後各方面で内部通報制度が論じられるたびに同社が不名誉な引用の対象とされることになりました。

2 カネボウ白斑事件から学ぶこと

> **❶ポイント**
> ▶消費者からの情報も不祥事発見の契機となる
> ▶一見不祥事と無関係な情報でも共有して利用できるようにするべき
> ▶公表の遅れが会社に対する評価をさらに悪化させる

　会社の不祥事は、その会社の役職員以外の者からの情報提供によっても明らかになることがあります。消費者向けの商品の製造、販売をする会社では、その商品を購入した消費者からの問い合わせやクレームも貴重な情報源となり得ます。

　消費者は内部通報制度の通報者として予定されていませんが、「お客様窓口」などの名称で消費者からのクレーム等を受け付ける通報窓口を設置している会社は多くあります。

　それらクレーム等の中で、全消費者に共通の問題となるような情報に関しては、通報してきた消費者との間で個別解決をするだけでは不十分であり、全消費者に向けた対策を講ずる必要があります。

　一人またはごく少数の消費者からクレーム等があった段階では、その問題はマスコミ、行政庁を含めた世間一般には知られておらず、通報者を別とすればその会社でしか認識していない状態ですので、その意味では内部通報があった状態と類似しています。

　この段階でのクレーム等への対応の巧拙が会社の信用を高め、また貶めることについても内部通報の場合と同様です。

　カネボウのロドデノール配合美白製品による白斑様症状被害についての同社の対応は、内部通報制度の運用においても重大な示唆を与えてくれま

す。

　この事件の概要は以下のとおりです。

　カネボウは2008年9月以降、ロドデノール含有の化粧品を順次発売していきます。2011年10月頃に、ある消費者から白斑様症状が出たとの相談がありますが、化粧品が原因ではないとして医者への診察を薦めます（その後、症状は改善した模様）。

　以後、2011年中に社内で同様の情報がもたらされ、2012年中に消費者から約10件の同様の相談がありました。また、社内でも1件の情報提供がありました。とくに同年9月には大阪府内の大学病院の医師から、発症部位が化粧品使用部位と一致していることから、ロドデノールが白斑発生の引き金となった可能性があるとの意見を聞いています。

　2013年5月13日に岡山県内の大学病院の皮膚科医からメールで問い合わせがあり、同月22日にカネボウ社内でも独自に医師の所見を求めたところ白斑様症状はカネボウの化粧品が原因となっている可能性が高いとの指摘を受けました。ここに至って、カネボウは同年7月4日にロドデノール含有の化粧品の自主回収を行うことを発表しました。

　カネボウの対応に対する批判の1つには、2011年10月の最初の通報から自主回収までの期間が長すぎて、その間にも被害が拡大していったという点があると思います。

　約1年半という長期間にわたり何らの対策もとられなかった理由の1つとして、合計17件の消費者から相談が寄せられていながら、その情報が共有されていなかったことが挙げられます。

　カネボウには「エコーシステム」という、消費者から寄せられた指摘や問い合わせを集約して社内で共有化するシステムがありました。しかし、情報を「エコーシステム」に入力する担当者の判断で「身体トラブル（スキントラブル）」に該当しないとした場合にはこの分類には登録されず、その場合には品質管理や安全管理を担当する部署はその内容をチェックしない運用が行われていました。上記の提供された情報の大部分は「エコー

システム」に蓄積はされていましたが、一般的な「問い合わせ（照会）」事例とされているだけでした。

　化粧品発売に先立つ臨床試験等でもロドデノールにより白斑症状が発症する例はなく、厚生労働省の承認も得ていたことや、ロドデノールが白斑症状の原因であることを示す文献の存在も認識されていなかったことから、カネボウ社内では、白斑症状は発症者の病気によるもので化粧品によるものではないと考えられており、入力担当者を含め社員はそれに疑問を持とうとはしなかったようです。

　その結果、外部の医師からの問い合わせによりロドデノールが白斑症状の原因であるかどうかを真剣に検討する必要が生じるまでは、消費者から提供されて集積された情報が顧みられることはなく、白斑症状の原因ではないことを前提とした調査や医師への問い合わせをするのみでした。

　もし、消費者から提供された情報が「身体トラブル（スキントラブル）」として関係部署間で共有されていれば、より早期にロドデノールが白斑症状の原因である可能性に気づき、対応できたのではないかと思います。

　この事件は会社内部の思い込みが情報共有を妨げ、対応に重大な遅れが生じた事例ですが、内部通報により提供された情報が、一見、違法ではない、または会社の不祥事とはつながらないように見える場合でも、不祥事が潜んでいる可能性があることを意識して、担当者間で情報を共有して丁寧に対応することが必要です。

　また、この事件では、第三者委員会の調査報告書でも述べられていますが、2013年5月13日の岡山県内の大学病院の医師のメールから7月4日の自主回収の公表までの約2カ月は短縮できたはずであるという指摘もあります。

　自主回収の準備を整えるのに一定の時間がかかることは理解できるとしても、女性の顔や首に白斑症状が発症するという重大な問題であることを考えると、販売停止、使用停止の公表を優先すべきであったとの主張の方

がより説得力を持つと思います。少なくともそのように感じる消費者が多いと思います。

　不祥事公表の遅れが、消費者の会社に対する印象を悪化させるという事例と言えます。

3 ヤマト運輸クール宅急便常温仕分け問題から学ぶこと

❗ポイント

▶内部告発という最悪の事態が発生
▶内部通報制度等、コンプライアンス体制の機能不全
▶個別的再発防止策だけでは不十分ではないか

　2013年10月下旬、朝日新聞の報道により宅配便最大手ヤマト運輸の「クール宅急便」が長時間、常温で仕分けされ荷物が常温に近づく事態も発生していたことが明らかになりました。

　朝日新聞の情報源はヤマト運輸の公式発表ではなく、同社関係者から非公式に提供された情報であったため、本件は「内部告発」の事案ということになります。これまで指摘してきたとおり、内部告発は企業の不祥事が無防備に外部にさらされることになり、不祥事それ自体のみならず自浄作用の不全も明らかとなることで、企業の信用が失墜する最悪の事態と言えます。

　本件の概要は次のとおりです。
　「クール宅急便」は保冷輸送（温度を保つ）サービスで、冷蔵タイプ（0〜10℃）と冷凍タイプ（−15℃以下）の2タイプがあります。このサービスにおいて、ヤマト運輸では、「クール宅急便の荷物を入れた運搬用冷凍・冷蔵庫『コールドボックス』からの荷物の取り出しを5分以内に完了し、その後、荷物を車載保冷スペースに積み込むまで30秒以上外気に触れさせない」という仕分けの社内ルールを設けていました。しかし、同社における全体の6.4％の拠点でこのルールが徹底できておらず、とくに繁忙期には32.3％の拠点で少なくとも1回のルール違反があり、計38.7％の拠点で

ルール違反が認められる状態でした（以上は同社発表によるもの）。そうしたところ、同社関係者から朝日新聞に対してルール違反現場が撮影された動画等の情報が提供され、本件が発覚するに至りました。

　本件の発覚を受け、ヤマト運輸は、社長を統括本部長とし、役員、部課長、労働組合幹部で構成する「クール品質改善対策本部」を設置し、法律事務所よりアドバイスを受けつつ、事実調査や原因究明、再発防止策の検討をしました。この本部は、構成員が内部関係者に限られているため、いわゆる第三者委員会ではありません。
　調査等の結果は、2013年11月28日に公表されました。
　事実調査では、前述の仕分けの実態のほか、配達時に保冷剤やクールコンテナが使用されていないといった配達時のルール不遵守も相当数存在していたことが明らかになりました。
　ルール不徹底の原因については、①ルールの周知、教育が不十分、②業務量増加に対応できる体制の不備、③繁忙期の対策についての検討が不十分、④拠点の声に耳を傾け改善に取り組む姿勢が不十分であった、というようなものが挙げられています。
　再発防止策としては、①拠点と経営が一体となるため「クール宅急便品質管理対策推進室」等の体制整備や教育の充実、②取扱量増加に対応するためのシステム、新車両開発、③モニタリング体制の充実、作業しやすいようなルールへの見直し、④取扱い可能量を設定してその範囲内で荷物を受ける「総量管理制度」の導入、⑤予備資材配備等による繁忙期対策などに取り組むとしています。

　以上については、このクール宅急便問題に関する限り、原因の究明や再発防止策としては合理的と考えることはできると思います。
　しかし、今回の問題はきちんと体制を整えていても不可避的、偶発的に起きてしまう個別的問題ではありません。どうして内部告発される前に、自ら内部で問題を把握し解決できなかったのでしょうか。どうして、内部

告発者は内部告発という手段を選ばざるを得なかったのでしょうか。

　ヤマト運輸はCSR経営の徹底を謳い、コーポレートガバナンスの強化、内部統制システムの構築、コンプライアンスの徹底に取り組むとしています。これらがきちんと機能していれば、問題が大きくなる以前に社内のいずれかの部署が問題を把握し、解決を図れたはずです。なぜ、社内の通常の業務ラインで問題の把握、解決ができなかったかについては今回のレポートでは触れられていません。

　また、内部通報制度については、同社は「コンプライアンス・ホットライン」や「目安箱」を設置しているとのことですが、今回の問題ではこれらの制度が利用されなかったか、あるいは利用されたが問題の改善に至らなかったかのいずれかでしょうから、これらの制度についても改善が必要なはずです。しかし、これもやはりレポートでは触れられていません。

　クール宅急便問題に限った調査、検討はされていても、体制全体の問題については触れられていない点で、今回の対策本部のレポートは不十分との感が否めません。

　2014年4月22日、ヤマト運輸は、再発防止策の1つとして、「クール宅急便」の積載容量に対応するための新たな車輌を開発し、その導入、運行を開始したと発表しました。

　再発防止策の一部を実践し、これを顧客にフィードバックしたものとして評価できますが、フィードバックされるべき事項の核心は、不祥事発覚の翌期以降に同様の不祥事を防止できたか否かです。同年夏季（常温仕分けがとくに問題となる季節）の実際の運用はどうだったのか、再発を防止できたのか、報告が待たれます。

4 JR北海道のレール異常放置問題から学ぶこと

❶ポイント

- ▶脱線事故が起こるまでレール異常が放置されていたことが問題
- ▶完成度の高い内部通報制度を持っていたのに機能しなかった点が問題
- ▶経営トップが制度の意義を説明し続ける必要がある

　2013年9月、JR北海道の貨物列車が脱線事故を起こしたことがきっかけで、レール幅が整備基準値を超えたまま放置されていた箇所が270カ所もあることが発覚しました。国土交通省の外局である運輸安全委員会は、レール異常の放置と脱線事故との因果関係を認める調査結果を発表しています。

　レール異常の放置などの原因として、複数の労働組合同士が対立していて社内で連携ができていないのではないかという報道がなされています。他方で、レールの検査データが改ざんされている疑いを労働組合が1998年に指摘し、これを受けて会社側が現場責任者から聞き取りをしたものの、改ざんを裏づける証言が得られないまま内部調査を打ち切ったという報道もなされています。これらが事実であれば、そのときにもっと踏み込んで調査を行い、改ざんの再発防止策を講じていれば、270カ所も放置するなどという問題は起こらなかったのではないかと考えられます。

　内部通報制度との関連で言えば、2013年2月5日に札幌市で消費者庁が公益通報者保護法説明会を主催し、その中でJR北海道総務部の担当者が内部通報制度について講演しています。そのときの配布資料をインターネットで閲覧することができます〔http://www.caa.go.jp/planning/koueki/shuchi-koho/pdf/130313_4.pdf〕。

　この配付資料を見て驚くことは、上述の不祥事が起こったことが信じら

れないほど、JR北海道は完成度の高い内部通報制度をすでに構築していたことです。また、同資料の中では、「自浄作用」を発揮して早期発見・早期解決を図ることの重要性が説かれています。また、2009年9月の時点において、JR北海道の社員は総務部法務グループの社内窓口または社外窓口（弁護士）に通報でき、グループ会社の社員は自社の社内窓口、JR北海道総務部法務グループの社内窓口、社外窓口の3つの窓口に通報できるようになっています。

そして、企業行動上不適切な事柄を通報対象としつつ、内部通報制度を「通常の業務ライン」で自浄作用が働かないときの補完的制度と位置づけ、まずは職場内での解決を推奨しています。

さらに、匿名通報は原則として受け付けずに、社外窓口から会社に通報内容を連絡する際には通報者の氏名を伝えないとすることで、無関係な第三者が社員になりすますおそれがあるという匿名通報の問題点をクリアしつつ、内部通報制度を利用しやすくしています。通報者に対する不利益な取扱いを禁じ、窓口担当者に守秘義務を課してもいます。

レール異常や検査データ改ざんに関しては多くの社員が察知、認識していたはずです。にもかかわらず、そして完成度の高い内部通報制度が用意されてあったにもかかわらず、社員の誰からも内部通報がなされなかったことは非常に残念であり、他山の石としなければなりません。

その原因は、やはり内部通報制度が社内に十分浸透していなかったためであり、それは、経営トップによるメッセージが弱かったためであると考えるほかありません。「仏作って魂入れず」のことわざが現実となったのかもしれません。

経営トップは、真摯に説得力を持って社員に内部通報制度の意義・重要性を何度も説明しなければなりません。そして、それに社員が呼応するような職場環境の構築に心を配らなければなりません。

JR北海道にも誠実な社員は多くいるはずです。内部通報制度自体の完成度は高いので、その声さえ社員に届いていれば、レール異常放置や検査データ改ざんについて社員から内部通報がなされたはずです。

5 不祥事発覚時の危機対応を見て思うこと

❗ポイント

▶不祥事発覚時の対応を誤るとそれが「二次的不祥事」となる
▶不祥事発覚時こそ「自浄作用」が問われる

 ここ数年、多くの企業不祥事が話題になりましたが、その中でも、みずほフィナンシャルグループ（暴力団関係者への融資）、阪急阪神ホテルズ（食品偽装表示）、カネボウ化粧品（化粧品による白斑被害）のケースはとくに大きく取り上げられました。
 これらの3ケースでは、発覚時の企業側の初動対応のまずさが問題をさらに深刻化させてしまいました。

 カネボウ化粧品の事案では、もっと早期に公表・自主回収が可能であったのに、それがなされなかった点が問題です。その原因等については、この第5章の第2項ですでに解説しました。

 2013年10月24日の阪急阪神ホテルズ社長の記者会見では、「偽装ではなく誤表示だ」という説明への強い批判がありましたが、会見の内容に対してよい印象を持たなかった人が多かったようです。
 何をもって「偽装」あるいは「誤表示」とするかは人によって捉え方に違いがあります。それ自体は致し方ないことですが、見方により「偽装」と言われてもやむを得ない状況にあることを素直に認めたうえで謝罪するべきだったのではないでしょうか。
 同社社長は「故意や悪意まではなかった」あるいは「トップが指示したわけではない」ということを言いたかったものと思われます。ある種の防

衛本能から出た発言と見られますが、いずれにしても自己弁護に終始しているというマイナスの印象を持たせてしまったことはたしかです。

　みずほフィナンシャルグループは、暴力団関係者への融資について、当初は「担当役員どまりでトップは知らなかった」と金融庁に報告していたところ、後に取締役会でも報告されていたことが明らかになりました。不祥事の事後対応の中で監督官庁への虚偽報告という新たな不祥事を起こしてしまったのです。
　その結果、阪急阪神ホテルズと同様に、経営トップの交替という事態にまで至っています。
　発覚後の対応が「二次的不祥事」となり、さらに問題を大きくしてしまったケースです。

　また、その他の事案では、不祥事発覚時の対応という点で降圧剤をめぐるノバルティスファーマや武田薬品のケースにも注目すべきです。
　発覚後の会見でノバルティスは、降圧剤のプロモーションで引用した「医師主導臨床研究」に同社の元社員が関与していたこと、元社員の所属について論文上で適切な開示がなされなかったことは認めていますが、元社員がデータ解析や改ざんに関わったことや直接的な容疑である誇大広告については認めていません。つまり、内容面に関しては疑惑を否定しています。
　一方で同社は、「医師主導臨床研究」であるため、データを保有しておらず、事実関係を把握しきれないとも説明しています。しかし、それならば、なぜ社員のデータ解析への関与を否定できるのでしょうか。この点についてのノバルティスの説明は納得がいくものではありませんでした。
　薬事法違反の有無について当初は厚生労働省が調査していましたが、資料が十分に集まらないなど、調査に限界があり、東京地検特捜部が乗り出して刑事手続に移りました。元社員のほか、ノバルティス（会社）もいわゆる両罰規定により薬事法違反で起訴されています。

また、武田薬品は誇大広告の疑いが指摘された後に社長自らが会見し、第三者委員会による調査を行うこととしました。会見では、業界団体のガイドラインへの違反はあったものの、データ改ざんはなく誇大広告でもないとの認識が示されました。

　3カ月程度かけて行われるという、第三者委員会の調査内容が、どのようなものになるか注目されました。弁護士により構成された第三者委員会は、「医師主導臨床研究」に対して武田薬品が実質的なスポンサーという程度まで深く関与していたことを認定し、当初の記者会見での武田薬品の説明内容が実態と異なるものであったと指摘しました。会社の説明内容が実態に反していると第三者委員会が指摘した点は大きな意味を持ちますが、第三者委員会も薬事法違反には当たらないという見解を示した点においては、武田薬品自身の見解と同じです。しかし、第三者委員会は、調査に当たって医学・科学上の問題は対象外とし、試験データそのものは調査せず、改ざんが疑われたグラフについて目視での比較を行うにとどめるなど、調査方法についての疑問も指摘しています。

　第三者委員会は弁護士としての専門性の範囲を意識してそのような調査方法を選択したものと考えられますが、弁護士だけでの調査に限界があるならば、医学など他分野の専門家とも連携して調査を行うべきであったと言えます。

　第三者委員会はある種の流行のように数多く設置されていますが、情報量、時間、労力の制約から形式的な調査にとどまる場合も残念ながら見られます。「第三者委員」と言っても、企業自身が依頼した委員による調査という構造自体に限界があるのではないかという指摘もあります。

　最大手企業をめぐる一大不祥事に際して「第三者委員会」というものがどこまで機能を果たしたか。「調査中」という一種の冷却期間を置くだけにとどまったのか。

　前に述べたように、第三者委員会に対しても厳しい評価の目が向けられるようになってきました。調査報告書を検討して格付けを行うという動き

も見られます。

　いずれにしても、企業不祥事における各社の対応を見て思うのは、やはり「自浄作用」が働いているかどうかということであり、このキーワードは繰り返し強調していきたいところです。

第5章　実際例から学ぶ内部通報制度

6 内部通報によりコンプライアンス違反が改善された事例

> **❶ポイント**
> ▶自浄作用が働いていれば厳しい批判にさらされない
> ▶内部通報を利用してコンプライアンス違反を是正せよ

　内部通報をきっかけに自浄作用が働き、コンプライアンス違反が改善された実際の事例を紹介します。

　まずは、大阪ガス硬式野球部員による賭博についての事例です。
　2012年8月、大阪ガスは、同社の硬式野球部員と部員OBが複数年にわたり、高校野球の勝敗や競馬のレース結果を賭けの対象とした賭博行為を行っていた、と公表しました。報道によれば、公表の約半月前、賭博行為が行われているという問題を伝えるハガキが大阪ガスに届いたとのことで、同社は、野球部在籍者を対象とする聞き取りや社内メールの調査を実施した結果、賭博行為が行われていることが事実であると確認した模様です。
　大阪ガスは通報から約半月という短期間で調査を完了し、記者会見を開催するとともに、硬式野球部の公式大会への出場辞退の申入れを行いました。
　もし、大阪ガスが通報を無視していれば、通報者がマスコミや捜査機関への内部告発に踏み切っていた可能性があります。そうすれば大阪ガスは、不祥事があったことだけでなく、自浄作用が働いていないことについても世間からの手厳しい批判にさらされることになっていたものと思われます。
　コンプライアンス上の問題が発生した場合であっても、自浄作用が働き、会社自身の力でその問題が改善されたのであれば、社会からの批判を相当程度軽減することができるのです。

なお、大阪ガスは内部通報窓口を社内と社外（弁護士）にも設置していますが、通報者のハガキが内部通報窓口に届いたのかどうかは報道されていないようです。

　次に、日本通運のグループ企業の日通商事株式会社の事例を紹介します。
　2013年12月に日通商事が公表したところによれば、同社の販売するLPガスの容器の一部について法令に定める検査を実施していなかったことが判明したとのことです。
　この問題は、検査を実施していた事業所の上部機関である支店への内部通報により発覚しました。日通商事は、調査により判明した結果を踏まえて、ガス容器の自主回収や再検査を実施するとともに、未回収容器については、亀裂部から漏れたガスに引火する可能性があることを公表しています。
　もし、ガス容器の回収をすることなく、製品事故が発生して今回の問題が明るみに出るようなことがあれば、日通商事は被害者に対して多額の損害賠償責任を負うだけでなく、社会的信用を失う結果となっていたでしょう。
　なお、今回の通報は支店のLPガス部門の部長になされた模様で、内部通報窓口になされたものではありません。日通商事の公表した内容には、本社への報告が1カ月以上遅れてしまったのは問題であったということも記載されています。コンプライアンス違反があった場合は内部通報窓口へ通報せよ、ということを従業員全員に周知していれば、より迅速な対応が可能であったと言えるでしょう。

　そのほか、社内の著作権法違反を改善したものとして、電子機器などの販売を行う株式会社カナデンの事例があります。
　2011年9月にカナデンが公表したところによると、内部通報窓口への通報により、同社の社員がDVDを自宅で複製し、社内で無償配布していたという事実が確認されたようです。

カナデンは関係団体に報告・相談したうえで複製されたDVDをすべて回収破棄するとともに、DVDの複製を行った社員を懲戒処分しています。映像作品が収録されたDVDの複製は著作権法に違反するものです。同僚や知り合いに配布するくらいなら大丈夫だろうと安易な気持ちでDVDやソフトの複製を行う人は少なくありませんが、刑事罰も科され得る行為であり、決して軽視すべき問題ではありません。

　今回、カナデンが社員を懲戒処分にしたのは、著作権法に違反する行為は許さないという経営者のメッセージを全社員に伝えるという意味も持っており、経営者の知らないところで著作権法違反が起きることを抑止する効果もあると言えるでしょう。

　カナデンも大阪ガスと同様に、内部通報窓口を社内と社外（弁護士）に設置しています。今回の通報が社内と社外どちらの窓口になされたものかは公表されていないようですが、今回の件は内部通報制度によってコンプライアンス違反が是正された成功例と言えるでしょう。

7 企業不祥事で経営者の個人責任が問われた事例

- ▶取締役の善管注意義務違反は個人としての損害賠償責任につながる
- ▶内部通報制度を含む内部統制システムの構築・整備は善管注意義務
- ▶企業不祥事は内部統制システムの欠陥から生じることが多い

以下で紹介するのは、内部通報制度そのものが問題となった事例ではありません。企業不祥事が発生し、そこに取締役等の善管注意義務違反(内部統制システムの欠陥)が認められ、取締役等が個人として損害賠償責任を問われた事例です。

このような場合によく利用される「株主代表訴訟」の最近の事例からピックアップしてみました。

なお、株主代表訴訟においては、まず株主から会社に対し、当該取締役等に対し損害賠償請求訴訟を提起するように求め、それがなされない場合に、自ら同取締役等に対し、「会社に対して金○○円を支払え」という形で訴訟を提起することになります。

取締役自身が違法・不正行為の企てを事前に知り、かつそれを黙認ないし指示したとすれば、それは内部統制システム上の問題ではなく、経営者による、または企業ぐるみの違法・不正行為ということになります。もちろん、このときの取締役等の責任は重大です。

そうではなく、取締役等が直接監視・監督できないところで違法・不正行為が行われたときでも、そういうことを未然に防止するしくみ、つまり内部統制システム(内部通報制度もその一部)を十分に整備していなかっ

たことの責任を問われるのです。

ここで取り上げた事例は、おおむねそういう部類のものです。

忘れてはならないのは、それは取締役等が個人で負わなければならない損害賠償責任であるということ、そして、「責任あり」と認定されたときの賠償額が世間の常識を超えるきわめて高額になるということです。

また、紹介する事例については、とくに内部通報制度（表面には出てきませんが）を意識して読んでいただきたいと思います。つまり、これらの不祥事はもし内部通報制度が正しく機能していれば防止することができたのではないか、という視点です。

その不正行為を察知していた社員が本人以外にいたのではないか、そして、その社員は上司に報告するか、内部通報制度によって会社にそのことを伝える方法があったのになぜそうしなかったのか、その点において経営者に内部統制システム上の義務違反はなかったか、という点が問題になります。

(1) ベネッセコーポレーションの顧客情報流出事件

株主から事件当時の役員6名に対し、総額260億円の損害賠償請求がなされました。2015年6月現在、係属中です。

顧客情報を流出させたのは、もちろん取締役ではありません。現場の担当者が故意に行った行為です。しかし、なぜそれを阻止できなかったのか、ということが取締役の責任として問われます。行為者の周辺にその行為を察知していた社員はいなかったのか、その社員から内部通報で情報が上層部に上がるしくみはあったのか、内部通報制度がそもそも整備されていたのか、などの点が問題となります。

(2) 川崎重工業のヘリコプター談合事件

株主から事件当時の役員2名に対し、総額約46億円を請求する株主代表訴訟が神戸地裁に起こされました。

談合行為を行ったのは同社の担当者であって取締役自身ではありません。

しかし、談合は油断をすれば発生する誘惑的な違法・不正行為です。取締役としてはそれを未然に防止する、あるいは現場にそういう気配があれば内部通報等を通じて情報が速やかに上層部に上がるように、そのしくみを日頃から整備しておかなければなりません。そういう面での善管注意義務を怠ったからこそ重大な事件に発展し、会社は大きな損害を被ったのです。取締役はその責任を問われます。

(3) 住友電気工業の違法カルテル事件

株主から事件当時の取締役ら22名に対し、課徴金として同社が納付した金額と同額の約88億円の損害賠償請求訴訟が大阪地裁に提起されました。

同社は光ケーブルや自動車用電線の販売で競合他社とカルテルを結んだなどとして（独占禁止法違反）、公正取引委員会から2010年と2012年に計約88億円の課徴金納付命令を受けました。

本件も、不正行為を行ったのは担当者であって取締役ではありません。しかし、この件でも前述の(2)と同様なことが言えます。よって、取締役等はその責任を免れません。

なお、本件は2014年5月、裁判所で和解が成立し、取締役等が5億2,000万円を支払いました。そして、会社は内部通報制度の改善や社員の研修など、コンプライアンス体制の推進に努力することを誓約しました。

(4) みずほ銀行が暴力団関係者らへの融資を放置していた問題

株主からみずほ銀行の頭取でもある佐藤康博社長ら歴代のみずほホールディングスの役員14名に対し、計約16億7,000万円の損害賠償を求める株主代表訴訟が東京地裁に提起されました（2014年3月）。

やはり、内部通報制度や内部統制システムを整備することによって経営陣は暴力団組員らへの融資を把握し、阻止することができたのに、その義務を怠ったと主張されています。

(5) NTNベアリング価格カルテル事件

株主から鈴木泰信会長や歴代の取締役ら計23名に対し、課徴金相当額約72億円を賠償するように求める株主代表訴訟が大阪地裁に提起されました（2013年9月）。

カルテルに故意に関与したり、存在を知り得たのに看過したりして放置した過失がある、などと主張されています。また、同カルテルは2004年頃から連綿と続いていたと主張され、その当時からの取締役が多数被告とされています。

(6) 石原産業による土壌埋め戻し材不法投棄事件

株主から事件当時の取締役ら21名に対し総額489億円を請求する株主代表訴訟が大阪地裁に提起されました。

同社は1999年から四日市工場で有害物質を含むフェロシルトを製造。2001年から2005年までの間、計約72万トンを出荷し、岐阜、愛知、三重、京都の各府県で違法に投棄したとされています。この違法行為に関わったのは同工場の元副工場長でした。

2012年6月、同裁判所の判決があり、元取締役ら3名の責任が認められ、ほぼ全額である約485億円の支払いが命じられました。

株主代表訴訟の賠償額としては、旧大和銀行の巨額損失事件で約830億円（当時のレート）の賠償を命じた大阪地裁判決（大阪高裁で2億5,000万円で和解）、蛇の目ミシン工業の元社長らに約580億円の支払いを命じた東京高裁判決に次ぐ高額な賠償額でした。

第6章

座談会「内部通報制度の現状と問題点」

●実施日　2014年5月14日　於：栄光綜合法律事務所

参加者のプロフィール（敬称略）
　今田　真（いまだ　まこと）
　　参天製薬株式会社　CSR統括部　コンプライアンス推進室長
　南　裕子（みなみ　ゆうこ）
　　積水化学工業株式会社　法務部　法務・コンプライアンスグループ
　　法務担当課長
　　弁護士
　A　（匿名）
　　株式会社島津製作所　総務部　総務グループ
　B　（匿名）
　　某東証一部商社（甲社）　法務部
　池田佳史
　　弁護士法人栄光・栄光綜合法律事務所　代表社員弁護士
　池野由香里
　　同　社員弁護士

〔司会〕
　梅本　弘
　　同　代表社員弁護士・所長

1 参加各社の内部通報制度の概要

[梅本] 本日は内部通報制度の問題について熱心に取り組んでおられる企業4社の担当の方に議論をお願いすることにいたしました。

内部統制システムの一環としての内部通報制度はすでに多くの企業に採用され、運用されていますが、その活用状況としては日本の企業や組織の全体で見ると、必ずしも十分とは言えません。現状どのように運用されているか、今後この制度の活性化のためにどのような課題があるか、そのようなことを中心に議論を進めていきたいと思います。

最初に、本日ご参加いただいた各社の内部通報制度について、制度の名称、その概要、通報窓口の種類、所管部署、上部組織等についてそれぞれご説明をお願いします。

[今田] 参天製薬の今田です。当社の内部通報にかかる制度は「コンプライアンス相談・通報」と総称しています。コンプライアンス問題全般とセクシャルハラスメント・パワーハラスメント（セクハラ・パワハラ）問題とで2つの部署が窓口機能を担当しています。コンプライアンス問題全般については、社内受付窓口として「コンプライアンス相談・通報窓口」が設けられ、これはコンプライアンス推進室が一次窓口を担っています。また社外窓口として「社外ヘルプライン」が設けられ、社外の弁護士に委嘱しています。セクハラ・パワハラ問題については、社内窓口として「セクハラ・パワハラ相談窓口」が設けられ、これは労務・健康支援グループが一次窓口を担っています。こちらも社外窓口を設けており、「株式会社保健同人社」に委嘱しています。

[梅本] 保健同人社は、セクハラ・パワハラ問題に特化して通報受付窓口というサービスを行う会社なのですか。

[今田] 臨床心理士の資格を持たれた方が配置されており、セクハラ・パワハラ問題だけではなく、さらにはメンタルヘルスに関する相談など、いろいろな職場や個人の悩み事全般についても、相談に応じていただいたり、カウンセリング、必要なリソースの紹介を行っていただいたりしています。

[梅本] 他社さんで、社外のこのようなサービスを利用しているところは

ありますか。

[南] 積水化学の南です。当社の健康保険組合も保健同人社と契約しており、社員がメンタルヘルスに関する悩みを相談できる窓口として社内で案内し、利用を推奨しています。

[梅本] 次に、Aさんお願いします。

[A] 島津製作所のAです。当社の制度の名称は「島津倫理ヘルプデスク」と言い、社内窓口は島津倫理ヘルプデスク事務局に設けられ、総務部・法務部のメンバーで構成されています。また、社外窓口として「外部ホットライン」を社外の弁護士に委嘱しています。セクハラに関しては、人事部に別の窓口「セクシャルハラスメントに関する相談と通報」があります。女性管理職が中心となって受けています。

[梅本] セクハラ問題は外部通報窓口には通報されないのですか。

[A] 企業倫理・コンプライアンスに関するものは、ヘルプデスクと外部ホットラインがグループ共通で利用でき、セクハラ窓口は社内窓口というのが原則です。しかし、セクハラ問題でも外部通報窓口に通報があれば事実上対応を行います。

[梅本] では、Bさんお願いします。

[B] 実は、当社（甲社）の制度は現在設計変更中でして、（2014年）6、7月頃をめどに新制度が発足する見込みです。制度の名称は「コンプライアンス内部通報システム」とする予定ですが、まだ仮称です。ご説明する制度の内容もまだ確定的ではありません。

従前の通報窓口は、親会社の統合窓口を利用しており、大阪と東京にあるそれぞれ社外の弁護士事務所です。基本的にはそれだけです。今後は当社独自の通報窓口として、社内窓口は法務審査部に設置し、社外窓口も設ける予定です。責任者はコンプライアンス委員会の委員長である当社の社長とし、実質の責任者は法務審査部長になると思います。

[梅本] 南さんお願いします。

[南] 積水化学の南です。当社の制度の名称は「セキスイ・コンプライアンス・アシスト・ネットワーク」、頭文字をとってS・C・B・N（スキャン）と言います。法務部内にあるCSR委員会の下にあるコンプライアンス分科会事務局がS・C・B・N事務局を兼務しています。社内窓口はS・C・B・N事務局にあり、社外窓口は東京と大阪の弁護士にそれぞれ委嘱しています。ハラスメントの相談は、人事部門でも受け付けています。狭義の内部通報制度とは別となっています。また、海外については、北米と中国に内部通報制度を導入しています。

[梅本]　セクハラやメンタルヘルスに関する問題は、いわゆるコンプライアンスとは様相の異なる点もあるため、別の窓口を設けたり、事実上別の運用も加味したりと現実に即した対応をされているということですね。

ところで、昨今多くの会社でコンプライアンス委員会、コンプライアンス推進室など、普通の職制とは別系列、あるいはかなりトップに近い委員会的機関が設けられているようです。また、各セクションにコンプライアンス責任者を置いている会社も少なからず見受けられます。

そういうコンプライアンス委員会、コンプライアンス責任者と、内部通報の受付窓口や処理事務局とはどのように関連しているか、あるいは内部通報はそのような機関、責任者とのタテの関係は意識されずに運用されているのか、という点をコメントいただけないでしょうか。

[今田]　参天製薬でも「コンプライアンス委員会」を「CSR委員会」の一機能として設置しています。「コンプライアンス委員会」の委員は、事業部ないし本部のコンプライアンスの推進責任者として選任され、我々が事務局となって、コンプライアンス委員会を運営しています。

これはどちらかと言うと、内部通報とは独立していて、それぞれの部門でコンプライアンスリテラシーを上げていくため、必要なしくみを整えていくために、もしくは何らか周知徹底していくために、それぞれの委員を中心に、職制を通じて回していくためのしくみとして位置づけられています。実際に事案が起きたときは、コンプライアンス委員の方々を通じて、私どもに上がってくる場合もありますし、先の「相談・通報窓口」に上がってきた事案について、事実確認や、再発防止策の立案などを、各部門の推進責任者であるコンプライアンス委員を巻き込んで事を進める場合もあります。

一方で、セクハラ案件をはじめとした、プライバシーに関わる事案の場合には、コンプライアンス委員を巻き込まずに進めることもあります。通報・相談の上がってきかた、事案の内容によって、誰がどのように関わるかは異なってきます。

補足しますと、当社では、私が所属しているコンプライアンス通報窓口を持つコンプライアンス推進室と、セクハラ・パワハラの相談窓口を持つ労務・健康支援グループはともに人材組織開発・CSR本部の下にあり、統括責任者は人材組織開発・CSR本部長です。担当役員としてチーフコンプライアンスオフィサー的役割もその者が務めています。

2 通報窓口の設け方について

[梅本] 通報窓口の多様化という点に関して問題提起させていただきます。会社によっては各セクション、つまり複数の通報窓口を置いているところもあり、監査室、監査役、コンプライアンス担当役員に直通の窓口を設けているところもあるようです。できるだけ内部通報を多く吸い上げるという点ではメリットもあるかもしれませんが、どのようにお考えになりますか。

[B] これは他社の例ですが、グループヘルプラインという大きな枠があり、企業倫理ヘルプライン、マネジメントホットライン、セクハラ相談窓口、会計監査相談窓口、この4つがあります。マネジメントホットラインでは、違法行為云々ではなく、例えば経営についての提言も受け付けるということで、いわゆる目安箱的な意味合いを持たせています。

また、(別の他社)K社では、法務部に置かれるメインの窓口のほか、各部門が受け付けます。これは各部門の部門長がコンプライアンス責任者ということで、コンプライアンス統括室というのが法務部傘下にありますが、その部員ということで人事発令されています。各部門がそもそも窓口になっているしくみの会社もあると聞いています。

[梅本] Bさんの感触としては、多様化する方が問題案件を吸い上げやすく、好ましいというイメージをお持ちですか。

[B] 好ましいとは思いますが、問題もあると思います。組織を維持するためには人を必要とし、お金がかかります。人事発令をするということは責任と権限を持たせることになりますが、責任者になった人の教育、訓練も問題となりますし、受け皿として適任かどうかの評価も必要です。会社の規模とか事業が置かれている立場とかにも影響しますので、一概にどちらがいいとは言えないと思います。背伸びをするのではなく、大きな会社で、社会的ニーズが高いということであれば、できる限りのことをやってもいいのではないか、それだけコストをかけて見合うものがあるのであればいいのではないかと思います。

[A] 各セクションと言うとイメージが違うかもしれませんが、島津製作所の場合、2013年9月からグループ

統合窓口を設置しましたが、国内グループ会社25社の各社にもそれぞれ窓口を設置しており、各窓口担当者がおり、各社窓口に寄せられた案件は基本的に各社で対応します。各社で上がった問題は必ずしも本社に上げてくださいという、しくみは現在取っていません。ただ、各社の通報内容が本社に来た場合には、各社の窓口担当者が本社の調査に協力してくれる担当者になるというしくみになっています。

[梅本] グループ企業の統合システムという点に関してですが、各社それぞれ独立して内部通報制度を持つことに必要性や合理性がある場合もありますが、小さな子会社を含めてすべての子会社が独自の制度を持つメリットもない。とすれば、例えば、大きな子会社、独立性の高い子会社は独自システムを持ち、それ以外は親会社の統合システムの傘の下に入る、そういうふうなやり方もあると思いますが、どうでしょうか。

[B] 悩ましいところですね。グループ会社でも、生い立ちが自分たちそのものという会社もあり、M&Aで買収してきた会社もあります。出資比率100％もあれば、51％もあれば、34％の会社もある。そういう中でどこまでコントロールすべきか、口を出すべきか、あるいは自主性に任せるべきかというのは悩むところです。大きな子会社ですと独自で規定をもって、独自でシステムを回しているところもありますが、親会社風を吹かせて、どこまで首を突っ込んでいってやるか、と大変悩ましいところです。結論としては、どれが正しいということはないという気がします。

ただ、子会社社員が、例えばパワハラやセクハラで訴えているのにその子会社では何もせず、親会社もこれを放置することになれば、親会社に安全配慮義務違反が問われる、という弁護士のコメントもありました。

ですから、誰かが必ず引き取らなければいけないし、親会社としての責任は、子会社に対するコントロールの責任ですが、これはどこまでも付きまとってくるのではないかと思います。子会社に任せるのか、親会社が全部するのかは、結局は個別事情によって決めることではないかと思います。

[梅本] そうですね。規模、体制、業務の関連性、人材とかいろいろな要素が絡みますね。では次に、社外窓口についての話題に行かせていただきますが、内部通報の受理件数のうち、社内、社外の割合はどのくらいでしょうか。

[南] 積水化学では6、7割が社内窓口に寄せられています。

[梅本] 社外窓口は設けた方がよいと一般的に言われているようですが、会社としては社外窓口に何を期待されているのか、どういうメリット、必要性があって社外（主に弁護士だと思いますが）に委嘱されているのか、どういう対応が好ましいかという観点から、社外窓口を論じていただけますか。

[今田] 基本的には現場解決が望ましくて、そのために、各部門にコンプライアンス推進の責任者である委員を選任・配置しています。全社員への案内としては、上司、組織長、コンプライアンス委員への相談を推奨しています。また、同じ社内でもより第三者的なところに通報したい、という場合に我々の存在が意味を持ちます。さらには、社内では情報が漏れる可能性があると考えられたり、当初はご自身の立場も明かしたくないと考えられる方もおられるであろうことから、第三者でかつ弁護士という立場である社外窓口を別に設けています。現場で自浄作用が働くことが一番ですが、もし、問題が生じていたり、相談をしたいと思われた方がいる場合には、通報や相談先の選択肢を増やし、行動をとりやすくしよう、と考えています。

[B] 社内に窓口があるにもかかわらず、どうして社外に行くのかという通報者の動機ですが、おそらく一番大きいのは、自分が嫌な思いをするとか、制裁を受けるであろう、仕返しを受けるのではないか、という不安から社内窓口を信用していない、ということが挙げられます。だから、社外であれば、中立な目で見てくれるのではないか、そういう気持ちがあるのではないかと思います。そうすると、社外に期待するというのは、圧力がかからないことというか、制裁がないということから、皆さん安心するのだと思います。

ただ、この点に関し、社外窓口の弁護士がその会社の顧問弁護士の場合は利益相反あるいは自己調査の問題が生じるのではないかという議論はあるようです。顧問弁護士が通報窓口を兼ねることは、内部通報の促進という観点からは理想的ではないけれども、やむを得ないとの見解が弁護士より出されています。2013年2月21日開催の東京三弁護士会主催のシンポジウム資料「失敗しない内部通報処理」〔www.toben.or.jp/message/libra/pdf/2013_04/p21-23.pdf〕にそのことが詳しく記載されているので参考になります。

[梅本] 顧問弁護士が是か非かという問題はさておき、社外窓口にはどういうメリットがあるか、社外窓口弁護士はこういうふうに動いてくれた

らありがたいか、という点はいかがでしょう。

[南] 積水化学では大阪と東京の弁護士事務所に社外窓口を委嘱しています。最初に入ってくる通報は整理のついていない複雑な事実関係あるいは感情的な情報です。これを窓口弁護士が少し整理をし、会社に伝えるべきものとそうでないもの、内部通報として処理すべきものとそうでないものを仕分けし、ある程度ゴールを見据えて、通報者とも対話をしたうえで、我々に報告してくれます。

このプロセスが我々には非常に助かるのです。第一報をナマのままで我々に伝達してもらっても、実際我々はどう動けばいいんですか、ということになります。さらに、当社の場合、「会社に対しては匿名」という選択ができますが、その後の手順の中で匿名にこだわることが双方にとって適当でないという場合もあり、そのようなときは匿名性を緩和するよう弁護士が通報者に説得してくれる場合もあります。

[梅本] ご参考までに、積水化学さんの内部通報規則の中には、次のように書かれています。「外部窓口は、通報を受けたときは、とりあえず聞き取り調査を行うこと、その結果、事実調査が必要と判断したときは、会社に対して事実調査を要請する」と。

[A] 島津製作所が外部の窓口を設けようとした一番のきっかけは、社員からの社内窓口への信頼度が十分ではないと判断したことです。2013年にコンプライアンス違反事例が社内で発生した際に、それが長年にわたって行われていたにもかかわらず通報が来ていなかったということがあり、より中立であると通報相談者が考えやすい社外窓口を設置しました。つまり、窓口の信頼度を上げることが一番の目的です。

[B] 信頼度を上げるということ、それはまったく同意です。情報を整理していく、そして相談に乗る、このあたりは中立なんでしょうが、その後、調査をしていく、対策を打っていく、という段階になると、段々会社の経営そのものに近づいて来るような気がします。そうすると、社外窓口は中立性を保っていられなくなるのではないか。また、一定の判断が必要なとき、頭を2つ置く必要はないのではないか。つまり、社外窓口がこの段階であまり関与しない方がよいのではないかとも考えます。

[梅本] 通報を受理した後、事実調査の検討や実行ということになると、そのようなデリケートな問題が起こるかもしれませんが、ここでは通報内容を会社に伝達するか、それとも

社外窓口において一応の整理をしたうえで情報を共有するか、という問題だと思います。整理したり考えたりするのは社内でやるから、とにかく直ちに、通報をそのまま会社に連絡してほしい。それが必要かつ十分である、という考え方もあるということですね。

［B］　逆に、自社では社内の窓口を設けないで社外窓口に丸投げするという会社もありだと思います。専門知識もないし、人員もいない、とにかく全部お願いしますということで、整理だとか相談だとか処理まで全部ということになろうかと思います。また、その中間形態もあるでしょう。

　なお、弁護士ではない社外窓口、例えば、先ほどお話のありました保健同人社などの場合は当然ながらパワハラ、セクハラに対するカウンセリングの機能は期待されていると思います。

［今田］　参天製薬の場合、保健同人社のことを社内でアナウンスするときには、「職場のセクハラ、パワハラの相談に臨床心理士などの専門職が対応する」とうたっています。

　コンプライアンス事案でも、最初の通報が入ってきた段階では、通報者の心理に配慮しつつ、事実関係を把握することが大切だと考えていますので、まず話を聞くことから始めます。話を聞けば、実はこういう不満があったと整理できることもあります。当社の社外窓口の弁護士はこの点、よく配慮してくれているように思います。そういうところは一定のスキルがないと難しいと思います。

　それと、先ほどの顧問弁護士の問題ですが、何が正解というよりも、おそらく事案によると思います。利益相反が生じる事案であれば、やはりそうならないようにすべきです。会計監査法人などがコンサルタント契約を結ぶ場合も、必ずファイヤーウォールを内部で設けることが求められていますし、そういう利益相反への配慮は必要です。

　また、社員の中には、個別労働紛争の場合の例ですが、いろいろ知識も入れて、エスカレートする人、懸念されるような「顧問弁護士は会社に通じているであろう」という発想に寄りがちな人もおります。

　もう1つは、いくつか不祥事があったオリンパスの例のように、社外のステークホルダーに対して会社の姿勢を示す、つまり顧問弁護士と内部通報の社外窓口を分けています、という姿勢を示すべき場合もあると思います。

3 通報の手段・方法

[梅本] 次に、内部通報の手段・方法について、電話、FAX、メール、書状、面談等が考えられますが、この中で社員に対して推奨しているものはありますか。逆に、禁止しているもの、自制を促しているものはありますか。あるいは、それぞれの手段についてこういう条件で利用しなさい、などと指示しているものはありますか。

[B] 甲社では新しいシステムを現在構築中なので、私の考え方を含めて述べさせていただきます。

メールについては、情報セキュリティの問題があります。どうしても社内情報、極秘情報を通報のために社外に持ち出して、外のパソコンあるいは携帯電話などから送信されることがあります。そうすると、その機器を紛失した、盗難にあった、あるいはウイルスに感染していたとなった場合、情報セキュリティの問題が当然出てきます。当社では社員一人一人にメールアドレスが付与されていますので、そこからのメールならば問題はありません。社外にデータを持ち出し、そこから送信するのは問題があります。この点について、メールによる通報は当社では条件付きと言えます。また、メールはお気軽すぎて、内容が煩雑であったり、いたずらめいたものが出やすいという問題もあります。

FAXについては苦慮しています。FAXを誰が見るかわからないからです。個室を用意し、コンプライアンス担当者しか、そのFAXに近寄れないということにできればよいかと思います。社外窓口（弁護士）でセキュリティがしっかりしているという場合、FAXは非常にいい手段だと思います。送信側に記録が残らないため、情報漏えいの危険性も低いという意味においてです。

電話も大変悩ましいところではありますが、記録を残しにくい。ただ、録音機能付きの電話機があります。通報窓口が内部通報専用の携帯電話を持つということも考えられ、そうすれば、他の人が出る危険性がなくなります。しかし、当社のように海外取引が多く、海外の子会社・関係会社からの通報が電話だと、双方に語学力がないと辛いかと思います。

面談は有効な手段ではないかと考えています。来てもらえるのであれ

ば、そのためには複数の場所を用意しなければならないでしょう。

［今田］　参天製薬の場合、とくにこれを推奨、もしくは禁止しているものはありません。ただし、社内窓口でFAXを受けることは想定していません。利用方法に条件を付けていることも、とくにありません。

［南］　積水化学では、秘匿性の観点からFAXは禁止しています。電話・メールは推奨しています。

　メールの場合、イントラネットの内部通報専用サイトに入力して通報する方法と内部通報専用のメールアドレスに送信する方法があります。後者は、社外から、例えば自宅からでも送信できるようになっています。イントラネットの内部通報専用サイトの場合、社内窓口と社外窓口のどちらを利用するか選択できるようになっています。社外窓口を選択した場合は、社内窓口にはメールは届かない、そういうシステムです。

　電話についても、専用回線を引いており、当社の場合は固定電話なので、そこに録音機を付けまして、特定の者のみがその電話に出るというふうにしています。逆に特定の者がいないと、誰も出られず鳴りっ放しになってしまうので、先日留守番電話を設置しました。

［今田］　電話の利用については、当社も同じです。

［A］　島津製作所も文書上、推奨または禁止しているものはありませんが、連絡先を開示しているものとしては、電話とメール、社外窓口については書簡も受け付けられるようにしています。書簡は匿名性が高くなりますので、できれば避けてほしい、ということで、積極的には推奨していません。

　電話は積水化学さんと同じで、専用回線を引き、担当者をあらかじめ決めています。FAXについては受理できる状態にはしていません。これもセキュリティの問題です。

4 匿名通報の取扱い

[梅本] 次に、匿名通報をどう扱うかという問題です。基本的なスタンスとしては、①制限を設けない、②禁止する（受け付けない）、③禁止はしないけれども、名前を明かすように勧める、④禁止も推奨もしないけれども、匿名だったらフィードバックはできない、ということはアナウンスしておく、これぐらいの分類があるかと思います。各社、どの分類を採用しておられるでしょうか。

[B] ④です。新制度の規定上もこう書こうかなと思っています。

[今田] 同じです。

[南] 2013年に④に変更しました。以前は、匿名を希望する方には、社外窓口を案内していました。ただ、この場合も会社に対しては匿名なのですが、社外窓口に対しては名前を明らかにしていただく必要がありました。2013年からは、社外窓口に対しても匿名で受け付けるようにしました。

[梅本] 私の記憶では、積水化学さんの規則で「原則として所属部署・氏名・連絡先等を示す」、「匿名を希望する場合は匿名通報として受け付ける」という文言がありましたけれども。

[南] 匿名の場合は、氏名を明らかにしていただいた場合と比較すると、どうしても対応に限界がございますので、匿名を禁止するものではないですが、できれば氏名を明らかにしていただきたいという趣旨で、「原則」としています。

[A] 島津製作所は③です。規定に明確に「通報相談は実名を原則として、特別な事情があるときは匿名も可」というふうに記載しています。

[梅本] 社外窓口に寄せられる通報で、社外窓口には名前を明らかにするが、会社には匿名にしてほしいというパターンがあるのですが、社外窓口にも名前等を明らかにしないという匿名通報もあります。それなら、はじめから社内窓口に匿名通報をすればよいのに、と思うので、社外窓口への匿名通報は禁止してもいいのではないかと思っています。

[今田] 参天製薬では、できる限り案件を吸い上げることを優先させるという考えのもと、あえて匿名通報は禁止していません。具体的には、相談・通報にかかる手順書の中で、事実確認やフィードバックのために顕

名を推奨しつつも、相談・通報当事者の意向を尊重し匿名も認めること、匿名性、情報の秘匿性がより求められる場合には、社外窓口の利用を案内しています。

　その結果、調査や是正策に限界があってもやむを得ないかなと思っています。そのことを、社外窓口の弁護士から通報者に説明をしていただくようにしています。匿名のままだと会社に正確に伝えようがないですよ、というような説明です。

[A]　島津製作所においても、社外窓口には名前を告げるが、会社には名前を伏せておいてほしい、という通報者はいます。その場合でも、もちろん内部通報として受理します。そのうえで、社外窓口の弁護士から、会社に名前を伝えた方がより調査等が適切に行われる、しかも制限がかからずに行えますよ、ということをその都度、説明、説得していただいています。

[池田]　私自身が弁護士として社外窓口を務めるときも、そのことは心がけています。つまり、会社に匿名希望とおっしゃれば、極力そうしますけれど、調査の過程では、必ず貫徹できない場合もあるし、調査が効率よくできない場合もあるし、会社の担当者、社内窓口の方とだけでもパイプをつないでおくことはできませんか、などと説得をしたりもします。それに応じられたケースも少なからずあります。それは、誰も傷つけずに、よいことばかり、と思っています。

[梅本]　通報者が代理人を通じて通報することはできるか、つまり知り合いの弁護士などに依頼して自分の名前は出さずに、弁護士名で通報するというのはどうでしょう。あまり例を聞きませんが、こうすると匿名性を維持しながら連絡パイプを保つ、フィードバックを受けられるというメリットにつながります。少なくとも、制度のPRの際にはアナウンスしてもよいのではありませんか。

[今田]　たしかに、受理後のいわゆる事実調査という段階を考えたときは、通報者が匿名性にこだわられたり、通報者とコミュニケーションができないことは不都合を生じることがあります。しかし、そのために「代理人による通報も可」とまで、あえてPRは行っていません。

[南]　代理人弁護士ではないですが、いわゆる「第三者通報」というケースはあります。被害者本人ではない社員や、社員でもない被害者の親族などからの通報です。

　このようなケースでは、通報者の立場や通報内容の信用性について疑問を感じないわけにはいきません。

誠実で真実の通報であるとしてもです。そこで、いったん受け付けますが、我々としてはご本人さんの声が聞きたいです、お気持ちを聞きたいです、というふうにお願いをして、できる限りご本人との接触を試みるようにしています。

[今田] 「第三者通報」に関し、言葉の定義にもよると思いますが、誰かをあえて代理人として通報してくる場合と、当事者でない第三者が通報してくる場合とがあると思います。

参天製薬では、前者は想定していませんでしたけれども、後者の、見聞きした者が通報するということについては、強く推奨、というよりは要請をしています。本人、とくにセクハラ・パワハラのような事案では本人からなかなか言い出しにくい、だから、それを見聞きしたのであれば、他の者が当人の相談に乗ることに加え、上位者に上げる、もしくは通報窓口に上げてください、ということを繰り返し要請・啓発をしています。

[B] 今の点ですが、逆に推奨してしまうと、「なりすまし」というのが出てくるかなと思います。本来自分がパワハラを受けているのに、「他の部署の人がいじめられているんですよ、私は違う部署だけどね」と言って通報してくる。実はそういう案件がありました。だから、そういうものは誘発しないようにしないといけないな、と思います。

[梅本] 匿名の通報を禁止しているにもかかわらず、匿名通報が寄せられた場合の処置についてですが、この点は皆さんご異論なく、来たものは受けてそれなりに対応する、却下はしないということになると思います。重要な案件ほど、匿名で来るというジレンマもありますし。

5 内部通報の内容、対象について

[梅本] 次に、内部通報の内容・対象について、これに限定を加えるか、無限定でよいか、という問題です。

基本的には、「違法行為や不正行為、またはそれと疑われる行為」が内部通報の対象と考えられますが、必ずしもそれにこだわらず、敷居を低くして、どんな通報でも吸い上げるというスタンスもあり得ると思います。

限定する例としては、「客観的合理的根拠に基づいたものであること」とか、「誠意を持って行う通報であること」とか、「その職場内で対応できないものであること」とかがあるようです。

[B] これは受け皿としてどういう体制をとるか、ということにかかってくると思います。

無限定にするということは、経営上の提言などを含めて、あらゆることについても全部受けるということになるので、それらに広く対応できる受け皿が用意できなければ、ある程度限定せざるを得ないなと思います。

逆に受け皿として、甲社の場合は経営企画部や、会社によっては社長室とかがそれに対応できるかもしれません。あるいは、CSR統括部というところが対応できるかもしれませんが、そういうところが受けて、その後に専門家が後ろに控えていて処理できるということであれば、無限定ということにした方が会社のためになるのではないかと思います。ただ、費用対効果の問題があるので、なかなか悩ましいところではありますが。

[今田] あくまでもコンプライアンス相談通報ですので、そういう観点において今問題である、もしくは疑われるもの、「本当にこれは相談に当たるかもわからないけれども」とかまで含めて、どうぞ通報してください、というのがいいと思います。

[南] 積水化学では、社内規則上は限定しています。通報を受け付けない4つの項目を定めています。

例えば、単なる噂だとか、誹謗中傷の類は受け付けません。しかし、実際これを理由に拒否したことはありませんので、事実上すべてを受け付けているというのが現状です。通報者の方も別に自分の通報がどの項目に当たるから、ということで通報

してくるわけではなく、「こういう悩みがあるんですけれども」ということでまず通報、相談してきます。中身によっては、「内部通報でというよりは、別のこういうことで処理された方が適切です」とアドバイスして、入り口段階で内部通報として扱わないことで納得してもらうこともあります。一度は受け付けますが、内容を聞いた後で振り分けをしているというのが現状です。

［梅本］　積水化学さんの規則にある、通報を受け付けない4項目をご紹介しますと、「以下の通報は受け付けない」として、「①会社の方針、事業活動への単なる批判や問題提起、②個人に対する誹謗中傷、③単なる噂、④通常業務において処理すべき問題」と記載しておられます。

［A］　島津製作所の場合、皆さんの会社と少し異なると思うのは、通報概念自体が弾力的でして、「相談通報窓口」としております。

　また、コンプライアンスを広義に捉えています。社内では「企業倫理」という言い方をしているのですが、法令違反を含む企業倫理違反全般に関する相談と通報としています。企業倫理は企業倫理規定に定められている事項で、お客様の要望にお応えするというところまで幅広く、法令違反から社員のマナーに関する苦言まで全部受け付けています。ただ、積水化学さんと同じく、個人的な利益を図る目的や、単なる誹謗中傷を目的とする不正な通報は禁止しています。

6　事前相談

[梅本]　島津製作所のAさんのご発言にあったように、通報と相談というのは、なかなか切り離しにくいと思います。経験的には、最初の通報では相談が半分という気もします。したがって、「それは通報ではなくて相談ですよね」とは言わないものの、そういう気持ちで通報者と対話することが少なくありません。

例えば、次のような会話があります。

「こういうことがあるんですが、これは違法ですよね」、「こういう場合は違法だけれども、そうでなければ違法とは言えません」、「私の法律判断をご参考にしていただいて、ご自分でもう一度整理をされたうえで改めて内部通報されたらいかがですか」、「そうします」。

私はこういう対話を「事前相談」と言っています。とくに社外窓口たる弁護士は、こういう任務が重要な部分を占めるという認識で望んだ方がよいのではないでしょうか。

[南]　積水化学は規則に明示はしていませんが、まさしくそのようにイントラネット上ではアナウンスしています。「社外窓口の弁護士に相談してもいいですよ」と。

弁護士の先生方にも事前にご了解いただいたうえで、「少しでも聞いてみようという気持ちがあるなら、まずは聞いてみてください」ということも社内にアナウンスしています。

[今田]　「事前相談」については参天製薬も同じですね。なかなか規程上、規則上書いても皆さん読まない。それよりも、今おっしゃったイントラネット上とか、定期的に発信するようなニューズレターとか、もしくは研修の中でこの点を伝えていくようにしています。

[梅本]　少し余談めいた話題ですが、窓口担当者が男性か女性かによって何か違いがありますか。

[B]　窓口が男性だと何かと話しづらいということもあるでしょうね。

[南]　積水化学もそういうことを意識して、実は社外窓口に必ず男女でお一人ずつ入っていただいています。社内の窓口もそうです。通報者より、女性に担当してほしいというリクエストができるようになっています。そのリクエストがなかったとしても、被害者が女性のセクハラの通報案件であれば、女性が担当するようには

しています。希望があれば、もちろん当然のことですが。

[B] 逆のパターンもあるのではないでしょうか。「男じゃなきゃ嫌です」という希望です。そうなると、それぞれの窓口に男女となると、たいそうなことになるので、難しいなと思っています。

7 通報受理直後の対応

[梅本] 次に、社内窓口または社外窓口が通報を受けた場合、通報者に対して、また社内の組織との間ですぐに対応しなければならないことは何か、という問題を整理しておきたいと思います。まずは、通報者に対してどういう対応をとりますか。

[B] 甲社では、定型文として決まっていることを説明します。例えば、事実調査には、おおむね2週間かかりますよとか、こういうルートで通っていきますよとか、嫌がらせや犯人探しが行われることはありませんよ、などです。それを誰が窓口担当になろうと、一律原則として説明するということになると思います。

また、匿名性をどの程度求めるのかも確認すべきです。「今すぐ死にたい」とか、「私は精神的に病んでいる」とか、緊急性を要する場合というのは話が別で、もう少し突っ込んだ話をすることになるでしょうが。

[今田] 参天製薬では、まず基本的な手順というか、「受理しました」ということを明確に伝えます。あと、きちんとフィードバックをしますよとか、事実調査に約2週間かかりますとか。

また、一定の手続は「社内手順書」という形で明記していますので、そこにある内部通報者保護、公益通報者保護法などについても説明するようにしています。ただ、誰が通報を受けても適切な対応ができるようにすることと、対応できる者を増やすことは、今後の課題と考えています。

[南] どのような形で通報が来るかによるのですが、積水化学では、メールで通報が来た場合には、まず受理したという報告とともに、本人確認のお願いをしています。「通報者本人である、私はたしかにメールをしました」という具合に、必ず返信をもらったうえで、通報の中身の確認に入っていくようにしていきます。

例えば、「セクハラで悩んでいます」という通報が来たのであれば、まずは悩んでいるという通報者の気持ちに寄り添い信頼関係を構築したうえで、事実関係を確認していきます。電話で通報が来た場合には、「今後どういうふうに進んでいくんでしょうか」というところもたいてい聞かれるので、そこは丁寧に説明した後、了解を得て中身に入って話を聞くようにしています。

[A] 島津製作所は、まずメールで通報が来たら、「たしかに通報相談内容を受け取りました。ありがとうございました」ということと、「今後の対応方針が決まり次第、適宜ご報告します」ということを返信します。

　先ほど、ご発言があった嫌がらせや犯人探しが行われないよう配慮することなどは、最初に伝えておいた方が利用者に安心していただけると、今実感しているところです。また担当者間で、レベルアップを図っていかなければいけないなと思っています。

[池田] 私が弁護士として社外窓口となる場合も、皆さんのご発言とほぼ同じです。まず、「たしかに、あなたの内部通報を受けました」ということ、それと「匿名をご希望ですけれども最大限それは尊重します。しかし事実調査ではそれは貫徹できるという保証はできません。ただ、顕名の必要なときはあなたの同意を求めて行います」などです。

　また、「あなたの通報によって嫌がらせがあったり、通報者探しが行われるようなことがあれば、直ちに再度通報してください」ということを伝える場合もあります。

[梅本] 次に、通報を受けた際、会社の上部組織や監査役等に対してどの段階で報告し、情報を共有されますか。当分の間、事務局で調査の立案や実行を経てその後に上に上げますか、それとも、とりあえず直ちに事務的に報告を上げますか。

[B] この点、私は非常に悩んでいます。「即座に上げなさい」、「リスクは真っ先に上げなさい」というパターンがあります。すなわち、問題が大きかろうが、小さかろうが窓口で抱えておらずに、とにかく即座に上げてください、隠されるのが一番困る、というスタンスで、上部組織といつも連携をとりながら、つまり指示を仰ぎながら、下部組織が動く、というやり方です。

　それに対して、事務局や部長レベル、法務部長とか窓口レベルに権限を渡しておいて、「そちらでとにかくやりなさい」と権限委譲するという会社もあると思います。これは会社の個性というか、やり方、内部統制の手法の問題だと思います。制度設計をどう考えるかということだと思います。

[今田] 少なくとも上長には、すぐに上げるようにしています。本部長にまで上げるかは、内容が不明瞭な、まだ判然としていない段階では、最低限の事実関係が把握できる段階まで待つこともあります。ただ、リスクが想定される問題の場合には、こういうことが入ってきた、とその段

階で不明瞭であっても上げるようにしています。

[南] 積水化学では規則上、報告対象として明記しているのは、コンプライアンス分科会です。と言いますのは、冒頭申し上げたとおり、内部通報の窓口は、コンプライアンス分科会の事務局に設置されていますので、その上部であるコンプライアンス分科会には報告します。

報告のタイミングについては、現状としては半年に1回です。半年に1回分科会が開かれるためです。あと、常勤監査役に対しては定期的に報告をしています。通常の通報内容であれば、このような処理になりますが、重大案件となりますと、おそらく即、速やかに報告することになろうかと思います。今のところ、まだそういう案件に出くわしていませんので、そこまでの動きをとったことはありません。

[A] 島津製作所の場合、通報があれば、通常2日以内に最初の対応方針を決定するので、その段階で、つまり早い段階で、通報内容と事務局の行動予定を、上長である担当役員に報告します。内容によっては、社長まで上がります。また、通報内容の分類と件数は年に1回以上、全取締役、監査役に報告をしています。

[今田] 参天製薬の場合も、相談通報の受付の件数、それから概要的なこと、詳細ではないのですが、四半期報告という形で、内部監査室、監査役並びに取締役会に報告を行っています。

8 事実調査に関する計画の立案

[梅本] 受理した内部通報の多くは、その後事実関係の調査に移るのですが、まず調査の方法や陣容をどうするかということを決めなければなりません。それを行うのはどこか、誰か、という問題です。通報窓口が一定の役割を果たすことは間違いありませんが、それ以外のどういう機関（例えば、内部通報事務局）や役職者が関与するのかについて、各社の状況を教えてください。

[今田] 参天製薬の場合、事務局というものが明確に固定的、経常的にあるわけではありません。例えば、私どもが通報を受けたときは私の上の本部長（担当役員）に報告するとともに、ここで事実調査等をどういうメンバーで、どう進めていくかという協議を行います。その段階で、我々が外れるということもあります。その決定権は担当役員にあります。ちなみに、担当役員はコンプライアンス全般を見ると同時に、懲戒委員会の委員長でもあります。

[南] 積水化学では、まず、どういう対応をしていくかという方針は事務局内で決めます。事務局のメンバーは担当者2名とグループ長の3名です。決めた方針に基づいて、例えばハラスメントの案件であれば、管理部門に報告して調査協力をしていただくということが多いです。

調査を依頼するに当たっては、当然ながら、通報者に対し、「こういった調査を人事の○○さんに依頼するのでご了解ください。その際にはお名前と通報内容もお伝えします」と、通報者の了解を得てから始めます。

対応方針については、管理部門から異議が出ることもあります。そのときは、相手方と調整しながら、方針を少し見直すこともあります。調査開始からクロージングまでのハンドリングは、事務局で行うというのが当社の対応パターンです。

[A] 対応方針は事務局で決定します。事務局のメンバーは総務の部長・課長と担当者2名、法務の部長・課長の計6名です。労務、ハラスメント関連の案件であった場合は最初の対応方針を決める段階から人事から管理職1名を必ず入れて方針決定して進めていきます。その他の関係部門と協力することもあります。初動の段階で事務局メンバーが関与せず全

部をほかに移管することはしていません。ケースによっては、方針決定後に移管する場合もあります。

[B] たしかに、事務局は法務部あるいは企業倫理室に置くのですが、多分対応しきれないでしょうから、協力者が絶対に必要になります。ですから、調査チームが必要で、そこに弁護士が入ってくることになります。

　税務関係であれば、税理士が入ってくるかもしれません。人事関係であれば、人事部長が入ります。分科会の中には固定メンバーと、そうでないメンバーがいるということかと思います。したがって、固定メンバーのほか、案件ごとに委嘱する非常任の人たちのリストを持っておくということになると思います。

　何か案件が起こったときに、適当な、専門的な人を選ぶということをしていると、情報がどんどん広がっていくという問題点が出てきます。想定していないところで、つまり、通報者は「こんなに広まると思っていなかった」、「窓口は一人だったのに、何で10人も20人も知っているのですか」ということになる。ですから、甲社では、規定の中に、分科会の中には常任と非常任のこういうメンバーがいる、ということを規定化しておいた方がいいのではないかという意見が出ています。

[南] 積水化学の場合、調査は事務局自体が行うということを、社内規則に明記しています。ただ、限界があるので、調査協力部門に調査を依頼することができる、という規定になっています。

[梅本] 積水化学さんは圧倒的に事務局にイニシアティブがあり、Bさんの構想は、固定メンバーのほか臨時メンバーのリストを特定しておこうということで、参天製薬さんは、必要なときに、必要な人に集まってもらって判断を委ねる、それ以後は手を引くことすらある、というお話ですね。各社、少しずつニュアンスが違って、興味深いところです。

9 事実調査の実施

[梅本] 事実調査の方法が決まると、次はその具体的実行です。その中でも重要なのは、通報者本人を含む関係者からの聞き取り調査です。それを担当するのは誰か、という話題を論じていただきたいと思います。

先ほど伺った積水化学さんの場合は、事実調査のイニシアティブが事務局にあるということから、聞き取り調査も事務局自体が主体的に行われるのでしょうか。

[南] 事務局自身が行うこともありますが、割合としては、事務局から協力部門に依頼して行うことの方が多いです。

[今田] 聞き取り調査を誰が行うかということは、参天製薬では案件によって異なってきます。軽度の不正問題であったり、パワハラ・セクハラ的な問題等、事案によって長けている方や適切な方、例えば女性からセクハラの相談があった場合には女性が対応する等です。複雑な案件はどのようなチームを組成してアプローチするのがよいかを、案件ごとに考えます。

[A] 島津製作所では、原則としてヘルプデスクの事務局メンバーが2名以上で対応するのですが、今田さんがおっしゃっていたように、個別事案によります。例えば、通報者が関係会社の人間であった場合、本社から調査に行くとスムーズに話が聞き取れないということがありますので、そういった場合は、属人的なところはありますが、その会社の信頼のおける人を選任して、その結果をご報告いただくというような形になります。

[梅本] Bさんの甲社では、その段階で弁護士に介入してもらうことも考えておられるように、先ほど伺ったのですが。

[B] ヒアリングは通報者本人ではなく、その周辺の社員に対して行うことが少なくありません。そうした場合、例えば、法務部長がうろうろ行って一人一人ヒアリングしていくと、その対象者が誰かというのがわかってしまいます。弁護士がその職場に行っても同じです。そこで、例えば、一本釣りで呼び出す、弁護士事務所に来てもらって、弁護士立会いのもとで法務部長がヒアリングするなどという手法が考えられます。

また、ヒアリングを行う人に対す

る信頼の問題があります。職場の管理職が信頼できる人物とは限りません。ヒアリングの訓練を受けていないかもしれないし、通報者がその管理職から人事問題で他の点で嫌がらせされるのは嫌だ、ということもあります。そのようなとき、弁護士に立ち会ってもらう意義はあると思います。

[梅本] 弁護士の機能について、Bさんは通報窓口としての機能よりも、むしろ聞き取り調査など、事実調査の場面での機能に期待されているようですね。それに対して、積水化学さんは、通報窓口としての弁護士の機能により大きく期待し、事実調査の場面ではあまり弁護士を想定されていないように感じますね。もっとも、南さんご自身企業内弁護士でいらっしゃるのですが。

[南] そのとおりです。

[B] やはり、ケースバイケースだと思います。「飛び降りるぞ」などということを通報者本人がほのめかしている状態ということになると、これは緊急性がありますし、とにかく早くやらないといけない、ということがあれば、弁護士立会いのうえで、事務所を借りて、聞き取り調査を行うようなシチュエーションもあるのではないかと思います。

[南] 一点だけ、通報者との面談は必ず事務局がやります。そこまで、他に依頼することはありません。通報者との関係は我々事務局が全面的に取り扱っています。被通報者や第三者に対するヒアリングについては、我々が出向いていくと構えられるおそれがあるので、信頼できる管理部門の方に行っていただいたり、そこに我々が立ち会わせていただいたりということになります。

[梅本] 積水化学さんの場合、通報者とコンタクトするのはどういう場所が多いですか。

[南] 社外であることが多いです。通報者の希望を聞いています。通報者の職場そのものは不適切でしょうから、その近くであるとか、外部の会議室であるとかです。会うことが困難な場合や遠方で時間的な調整も付かない場合は電話で会話します。いずれにしても通報者本人とはできるだけ話をするようにしています。

[梅本] ほかに事実調査を効果的に行うための工夫はされていますか。具体的に言えば、調査を周りから不審な目で見られないように、あるいは、内部通報があったから動いているということが察知されないように、まして通報者が誰か知られないように、誰かが「犯人探し」をするようなきっかけを作らないように、といったことで。

［A］　島津製作所では、被通報者本人や周辺へのヒアリングの際に、「犯人探しはしないでくださいね」とか「こういった調査が行われているということは他言しないでくださいね」というようなことを告知します。

［B］　東京のある弁護士にヒアリングを依頼し、私がそこに立ち会ったときですが（内容はセクハラ・パワハラの問題でした）、ヒアリングの仕方は難しいものだなと感じました。

　法的にセクハラ・パワハラに当たるか否かには微妙な線引きがあります。ヒアリングはその線引きの上か下かを意識して事実関係を聞き出すのですが、これは素人にはなかなかできることではありません。やはり、インタビューのプロ、そういうことに長けた弁護士などが入る必要があると思いました。

［梅本］　被通報者に対してどう対応すべきかという点で、1つ問題提起をしたいと思います。被通報者、つまり問題にされている人に対し、普通は、「あなたのことで通報されているよ」というようなことは言わずに、むしろそれを隠して調査を進めるわけです。

　しかし、通報されているという事実を被通報者に教えずに周りの調査だけを進めるというのは、被通報者の人権の見地から不適切ではないか、という問題が指摘されています。とくにヨーロッパでは、その問題意識が強いようです。

［池野］　フランスにおいては、被通報者には、通報があったことは必ず知らせるべきだ、という法律があるということです。被通報者が、自分が知らないうちに調査されて、自分の権利が守れないということがあってはいけない、という視点が強いようです。

　日本の内部通報制度においては、今までは誰が通報したのかという犯人探しをしてはいけないという通報者の保護に重きが置かれていて、被通報者の保護ということがあまり考えられていませんでした。実際に悪意のある通報じゃないかと思われるものが増えてきていると聞きます。こういうことから、被通報者の保護という視点も考慮されなければならない状況もあると思います。

［B］　しかし、被通報者がもしクロであった場合、知らせれば証拠の隠滅などの問題が生じます。被通報者が犯人探しを進める可能性も危惧されます。そのあたりの手当てがもしできる、あるいは、それでもいい、つまり証拠が隠滅されても仕方がない、ということであれば、本人の人権の観点もありますし、知らせるべきかと考えます。

実際には被通報者はシロで、通報が濡れ衣だったというとき、その間の被通報者の不利益は計り知れません。そうしたときに、「早い段階で通報があったことを言ってほしかった」、「いくらでも反証できたのに」という被通報者のクレームはきわめてもっともです。すごく難しい問題です。

［今田］　人権の侵害ということで言えば、パワハラの例で、調査の段階で「○○さんは、□□さんにパワハラをしてませんか」というダイレクトな聞き方をするということでしょうか。

　基本的には、事実がはっきりしていない段階での調査は、慎重に進めるべきであると考えています。あくまでも客観的な事実のみを知る調査です。それで、事実関係を明確にしていく、つまり、シロなのかクロなのかという段階になると、今度は被通報者当人に対しても、事実聴取をしていくという段階になりますので、結果として、本人に対して知らせる、ということになります。

10 調査結果の取りまとめと取扱い

[梅本] 次は、調査が終わって結論が出た段階で、どういう報告書（もしくは調書）が作成されますか。それをどういう手順で、どういう部署で共有されますか、という話題です。

[A] 島津製作所の場合、決まったフォーマットはありません。調査の段階ごとに、関係者でヒアリング結果などを報告書やメールで共有し、事務局でそれを集約し、保管・管理しています。担当役員には段階ごとに調査方針や結果などを適宜報告します。社長まで即時に報告するかどうかは、担当役員が決定します。

[南] 処理のパターンにもよりますが、積水化学では事務局で直接調査をせず、協力部門に調査を依頼した場合には、その依頼した先から必ず報告書を提出してもらいます。フォーマットは作っていませんが、だいたいこういった内容を書いてください、ということをお願いして提出してもらいます。それを事務局内で保管します。社外窓口に入った案件については、我々事務局から弁護士に報告する義務がありますので、そういう関係からも協力部門からの報告書の入手が必要となります。

[梅本] 積水化学さんでは、その場合、事務局から上部組織には、重大案件は別として、報告を上げることはないのですね。例えば、聞き取り調査した結果などはどうでしょうか。

[南] はい。コンプライアンス分科会にクロージングの都度上げることはしません。基本的には、事務局内で共有しているということです。

[今田] 参天製薬では、軽微だったり、結果がシロだったというようなものも、簡単なメモ程度は残すように努めています。一方で、懲戒委員会の事務局に引き継がれ、委員会に附議された事案などは、社長や監査役に報告もなされますし、記録が保管されることになります。それらの結果については、その後の再発防止策をどのようにするか、また、過去の事案を内部的にも蓄積していく意味からも、情報を共有する設定をしています。

[南] 積水化学も懲戒処分相当案件については、懲戒処罰委員会であるコンプライアンス審議会に報告します。

[B] 制度設計中ではありますが、一般論として、調査の委託先から、報告書が上がってくるでしょう。そし

て分科会から、その委託をした事務局へ、事務局からコンプライアンス委員会へ、委員会から社長へと、そういう筋が1つあると思います。それから、当社（甲社）のようにグループ企業の統合コンプライアンスをシステム化しているところであれば、グループを束ねている本部の方へも報告されると思います。

フィードバックについては、通報窓口から報告するのが自然であると考えます。タイミングとしては、誠実性の観点と重要性の観点から足切りしたうえで、足切りされたものは、即報告書を上げて、即フィードバックしてしまって終了となります。重要案件はしっかり調査をして報告をする、そのタイミングはかなり後になります。途中での経過報告が必要となることは当然あるでしょうが。

[梅本] 今もご発言がありましたが、通報者への通知、いわゆるフィードバックはいつ、どのようになされますか。その内容も、「終了しました、あとは懲戒委員会です」という言い方もあれば、より詳しく、丁寧に途中経過を含めて報告することもあるでしょう。その辺の頻度と内容をご説明いただけますか。

[A] 頻度はもちろん事案によりけりで、先ほどおっしゃった、誠実性、重要性の点から、軽微なものは対策を決めると同時にフィードバックして完了というものもあります。重要な案件で、調査が長引くものに関しては、案件に応じて、ハラスメント関係では精神的なケアも含めてコミュニケーションを継続したり、全社的な労務関係の問題であれば、ある程度結論が出てから通報者に報告します。とにかく、とくに決まりということはありませんが、対策が決まったら必ず一報を入れています。

[南] 積水化学も案件ごとに対応は変わってきます。ただ、1つ心がけているのは、通報者以外の人にこの通報について話をする、通報の対応に関わってもらうことになるような場合には、その都度、通報者に了解を得る必要があるので、通報者に対して、頻繁に連絡を入れて、「こういう動きをしていきますよ。だからあなたの周りでこういう動きになりますよ。事前にお伝えしておきます。安心してください」ということを知らせるようにしています。

[今田] 基本的には、皆さんのご発言と同様に、参天製薬も受け付けたところが通報者と最初から最後までコンタクトをとるということになります。ただ、我々の場合は、先ほどもお話したように、我々が調査に直接関わらないこともあるので、そのときは、例えば「これから調査に入り

ます。具体的な調査は人事部門が主導でやっていくこととしたい。それでよろしいですか」というような了解も取るような形で伝達しています。

　もし、セクハラ・パワハラのような案件で、我々以外の者が面談したような場合は、フィードバックもそこからするということもあり得ます。必ずしも、事務局というのが固定的にあるわけではないので、実態に応じて対応しているところがあります。頻度については、最低の段階、もしくは途中の段階で、どのくらいの頻度でフィードバックするということを、あらかじめ伝えるようにしています。だいたい１週間から長くとも２週間くらいの間に、何も進展がなくてもコンタクトをとるようにしています。そうしないと、相手からしてみれば、もやもやとした状態が出てくるかもしれないので、その点は配慮しています。

[**梅本**]　規程の中にも日数を書いておられましたね。

[**今田**]　はい、そのとおりです。

11 是正措置、再発防止策の策定と実施

[梅本] 次のテーマは、内部通報をきっかけに明らかになった不正行為などについて、その是正策、再発防止策です。

　これはある意味、内部通報制度とは直接関係しない事柄とも言えますし、内部通報処理手続の仕上げという位置づけもできます。内部通報の事務局（または事務局的役割を担当する部署）自身でどこまでやれるか、また、他の部署、例えば、問題発生部署とか人事部門とかに、調査結果の情報提供と合わせて、是正策・再発防止策についての意見を述べる、あるいはそれらの実行を要請する、いろいろなパターンがあるかと思います。

[B] 判断したり実行したりするのは権限がなければできないことですので、事務局がその権限を持つべきかどうかがまず悩ましいところです。

　強い権限を持つべきという見解も見受けられます。ただ、人事異動や賞罰・懲罰の話に及ぶと事務局（甲社では法務審査部長）がそこまで権限を持てるかという問題になります。

　逆に権限があまりないと意味がないというか、単なるメッセンジャーになるわけです。結局はすべて上が判断すべきじゃないのか、社長とかコンプライアンス委員会委員長とか、あるいは分科会の会長とか、要するに上長、取締役ではないのかとも考えられます。是正策等の内容・レベルに応じて事実上線引きすることになるのではないかと思います。

[梅本] 事務局がかなりの権限を持っているように思われる積水化学さんではいかがですか。この点で悩まれたり、上や横との関係で不都合を感じられたことはありませんか。

[南] 今のところ、とくに不都合は感じておりません。社内規則によれば、不正行為等が確認され、何らかの処分なりをして是正措置をとらなければならないということになると、法務部の担当執行役員である法務部長がその決定権、勧告権を持っています。

[今田] 参天製薬の場合は、あまりかっちりしていないので、概念的な整理でしかないのですが、まず内部通報の受付は私ども、コンプライアンス推進室や労務・健康支援グループが担います。それが基本的には担当役員である人材組織開発・CSR本部

長にエスカレートされ、そこで調査の方針を決定し、事案によっては内部監査室の協力も得ながら、調査を行います。

　その結果によって、今度は懲戒委員会にバトンタッチされます。ここには、明確に事務局というものがあります。それで処罰が決定する。ここの長でもある人材組織開発・CSR本部長が、ある意味指揮権を行使します。再発防止策の策定まで懲戒委員長は検証することとされています。その際には、発生した各部門などが主体となりますが、我々、コンプライアンス推進室も全社への横展開に際して関与します。再発防止策が動き出したら、内部監査室が、実際にそれが実行されているかを監査する。このようなサイクルを回していく流れになっています。

[**梅本**]　ありがとうございます。やはり、結論が出た後の流れは、内部通報システムと連続性が希薄になるようですね。属人的には重複するところはあるけれども、違う立場で各社各様に処理されているわけですから。

12 関係者の処分、報償

[梅本] 被通報者（不正行為者）等、関係者の処分、またその反対に、通報によって、不正行為による会社損害を防止したことの報償についてどう考えるべきか、という問題です。

処分とか懲戒は本来懲戒ルールに従うべきですから、これも内部通報制度固有の問題ではありません。ただ、次のようなことは内部通報制度を検討する中で、やはりチェックしておかなければいけないのではないかと思います。例えば、通報者に対して嫌がらせをしたり、不利益を与えたりする行為があれば、制裁すべきではないか。通報を受けた者、例えば、上長がそれを握りつぶした行為に対してはどうか。また、不正行為を身近で見て知っていた者が見て見ぬふりをしていたということに対する責めはどうか、などです。

[B] 最後の「見て見ぬふり」というところですが、これは内部通報を社員の義務とすべきかどうかという論点かと思います。これを法的義務と考えるのか、努力義務と考えるかは非常に悩ましいところです。通報しなくてもいいけど、できればしてください、と考えるのか、見て見ぬふりをした人は共犯と同じなので、人事処罰を課すというところまでいくか。法的義務とした場合、その根拠は何かという話になってきます。一般従業員には、いわゆる内部統制構築義務はないはずですが、忠実義務はある、という見地から社員の通報義務を根拠づける説はあるようです。

私としては、一般従業員の義務として、見て見ぬふりをした人全員が連座処罰を受けるというのは、ちょっと行きすぎだと思います。役員だったら別ですが。ただし、「握りつぶし」は、それとは違って処罰するべきだと思います。これは共犯、証拠隠滅とも捉えられ、かなり悪意性が高いと思います。

[梅本] この問題、つまり内部通報は社員の義務であるか否か、という命題について、他の会社では規則上また社内のコンセンサスとして、どのように考えておられますか。

[A] 島津製作所では、違反行為の是正に努めなければならない、としていますので、明確な努力義務という形になっています。

見て見ぬふりをしていた者と言っても、どの範囲でどのように制裁す

るかということを検討しますと、実務上難しいところがあります。もっとも、当社の通報窓口、事務局に懲戒の決定権はなく、窓口の運用規則の違反に対する処分は就業規則に基づいて行われますので、事案に応じて決定されるかと思います。握りつぶしに関しても同様です。当社のコンセンサスとしては、努力義務の域を出ません。

[南] 積水化学の社内通報規則には、通報について努力義務は定めていません。ただ、独禁法（独占禁止法）違反については、別の規則で通報義務を課しています。それは当社の過去の事件があった反省を込めて、独禁法違反に関しては厳しい姿勢で臨んでいるからです。

[今田] 参天製薬は、通報相談手順書の中に、強い言い方ではないですが、社員の義務として規定しています。そういう意味では、社内規程の中にあります。書き方は柔らかいですけれども、「当社従業員は、本手順書に基づき、通報相談窓口を積極的に利用するよう努めるものとする」と規定しています。

違反したときの処罰という点については、事の重大性と管理職であるか否かということで線引きを基本的にはしています。管理職の場合はそもそも、部下が何らかのことをした場合に、それに対しての管理不行き届きということで通常処罰が下されるわけですが、それが知っていてということであれば失格ですし、握りつぶしということであれば、さらに処罰ということになるかと思います。

[梅本] 不正行為をした者（共犯を含む）が自らそれを社内通報した場合に、その情状を酌んで処罰を軽減する、いわゆる「リニエンシー」の適用は考えておられますか。

[南] 積水化学では、通報者が不正に関与していた場合、通報者に対する処分を決定する際に社内通報したということを「斟酌できる」、「処分を軽減できる」と規定しています。

[梅本] ちなみに、出典は明らかではないですが、アメリカでは、告発（内部通報を含む広い概念だと思われます）によって未然に防げた損害を報奨金として支給するというのがあります。ものすごい額になる場合がありますね。アメリカ的とも言えますが。

[B] リニエンシーについては、まったく頭にありませんでした。なんとなく意味はわかります。あぶり出しというか、どんどん出してね、という話なのかもしれませんが、おそらくメリット、デメリットが出てくるように思います。無駄なものが出てくるとか、告発が多くなるとか。あ

るいは、疑心暗鬼になるとか、社内の雰囲気が悪くなるとか。いろいろなことを検討したうえで、よいとい うことであれば導入しても面白いな、とは思います。

13 フォローアップについて

[梅本] ここでのフォローアップというのは、当該通報案件のフォローアップということです。例えば、この件での是正措置、再発防止策の実効性、行為者の反省、通報者に対する犯人探しやいじめ等の有無、職場の雰囲気や人間関係の改善などかと思います。

[A] この点は当社（島津製作所）の課題であり、十分にできているとは申し上げられません。マンパワーの問題もあり、どのように運用していくべきか、ぜひお教えいただきたいところです。また、注意を払いたい点としては、通報者の不利益もそうですが、調査の協力者への不利益についても必要に応じて、フォロー、ウオッチしていかなければいけないのかなと思っています。

[南] 積水化学では、全件ではなく一部の通報についてですが、処理終了6カ月経過時点で、通報者に対しメールでアンケートを実施しています。そしてその中に、通報者として不利益を受けていませんか、問題は解決されていますか、という項目を入れています。それに対して、たいていは「大丈夫です」という返事が返ってくるのですが、「問題が残っています」という返事もあります。そのときは、再度、情報提供を依頼するという方法で対応しています。そういう形でフォローアップを行っています。

[梅本] それは、問題がありそうな、尾を引いていそうな案件をピックアップしてフォローしているわけですか。

[南] 積水化学では、内部通報制度を、会社をよくするための制度と考えています。そのために、通報者の希望と会社としてのクロージングの形が乖離しているため、明らかに不満を言ってくることが予想される通報者には、アンケートを出しません。そういう意味での一部ということです。

[今田] 是正措置、再発防止策については先ほど申し上げたとおりです。参天製薬では、しくみとして、必ず回るようにしています。調査協力者に対するフィードバックは行うようにしていますが、フォローやケアは必ず行うと定めてはいません。

例えば、経理の不正に関することであったり、パワハラに関することであれば、その上の管理職が基本的

にはその状況についてフォローする義務があります。再発防止策の実行の中に含まれるとの考え方です。

[B] 個別の対応と組織としての対応の2つに分かれるのではないかなと思います。例えば、セクハラ・パワハラの場合、個別対応としては、様子を見に行く、その後「大丈夫ですか」と確認することに尽きるかもしれません。それで問題が解消しないときは、人を離さなければならないこともあります。

ただ、人の異動は時間を置くなど慎重にしないと、左遷と勘違いされて、不利益を与えたということにつながる危険があります。もう1つ組織として、制度の改正とか、研修の充実で対応することがあります。

しかし、原因を突き詰めて考えて、そこのところにメスを入れていかないと、抜本的な解決は困難だと思います。根本的な体制作りというのは、なかなか答えが出ないのではないかという感じがします。

[今田] 参天製薬では今まで、パワハラ・セクハラの類の案件については、懲戒処分にしても、必ず告知をすると決められていませんでした。しかしながら、告知をすることによって、当該当事者の責めに帰すということでなく、会社としての姿勢を明確に示すということが非常に重要であるという考え方を持つに至っています。

今はほぼすべての事案について、会社の姿勢が伝わるように、運用の細則を作り、告知をするということを必ずセットでやるようにしています。かつ、そのことについて「部門長、組織長から説明をしてください。そしてちゃんと実施したかどうかを各部門のコンプライアンス委員から私どもに報告を出してください」と要請しています。こういうしくみを回すように努めています。

発生した例を他山の石とし、自分たちの問題として認識されるように、あえてそういうことをしています。

14 内部通報制度全般の問題点と今後の充実・活性化のための方策

[梅本] 最後に、今までの議論も含めて、内部通報制度全般について、今どういう課題ないし問題意識を持っておられますか。例えば、制度の周知徹底ということに、どういう工夫をされていますか。経営トップの意識・熱意について、どのように考えておられますか。

[今田] 内部通報制度の周知という点に関しては、参天製薬では、派遣スタッフを含めた全社員へのコンプライアンスカードの配布に加えて、適宜ニューズレターなどを発行し啓発を行っています。かつ今は、説明したことをフォローしなさい、それを報告しなさい、ということを管理職層に求めるようにしています。

しかし、まだまだ、「あれ、そんなもん、あったっけ」ということがあります。管理職研修の際などに制度の存在を知っているか尋ねても、「すみません。知りません」という返事が返ってきたりもします。本当にずっと継続をしていかないと浸透していかないものだと思います。

「見て見ぬふり」問題ですが、悪意を持ってではなく、自分が言わなくても誰かが言うだろうと意識があり、どうしても手を上げることへのハードルがあると思います。したがって、このハードルを何とか下げていかなければならないという問題意識を持っています。そのために、先ほどから話しているように、会社の姿勢をいろいろなレベルで同時に出すとか、ニューズレターを使った対話の機会を作るなどして、気軽に相談できるような形にする、現場解決につなげる、こういうことを今試みているところです。併せて、「見て見ぬふり」ということが、実際にどの程度起きているかについての実態把握も必要であると考えています。

また、一番悩ましく思っているのは、内部通報に対し実際に応対する、もしくは調査するスキルの向上という点です。何かよい方法があれば、どんなものでもご紹介いただくとありがたいと思います。

[B] 制度についての周知徹底、これが重要であることには異存はなく、そのとおりですが、この制度の説明だけを突出させて研修をやる、ということにはちょっと違和感があります。この制度は手続論であって、実体的に何が悪いのか、何がコンプラ

イアンス上問題なのか、というところが重要であって、そこのところを置いておいて、「とにかく、この制度の説明をします」ということではまずいのではないかという感じがします。

そこで、研修の資料にはちょっとだけ、例えば20頁の中で1頁という感覚で、内部通報制度のことを入れました。私の担当は法務審査部で、審査、つまり与信研修や契約実務、輸出管理等の研修も重要なため、実は研修だらけなのです。会社が大きくなればなるほど、業態が広くなればなるほど、内部通報制度のことをどこに入れていくのかが難しくなってくるのではないかと危惧しています。

[A] 内部通報制度の周知に膨大なエネルギーを割くことに違和感があるというのはそのとおりで、当社でもこれを単独でPRするということにはなっておりません。トップの姿勢を示すという社長のメッセージにおいても、悪い情報をまず上げてください、上げる方法としては、まず上司に報告や相談をすること、上司に報告や相談をしてもらうために管理職には「日頃からコミュニケーションをとれるような組織風土を作ってください」と述べた後、「それが難しい場合は内部通報制度を利用する

ということも忘れないでください」と要請しています。

教育研修についても、通報制度そのものをPRするというよりは、組織風土に関するアンケート結果を基にして、「管理職が思っているより下は相談しやすいと思っていませんよ。改善してくださいね」という風土改善の要請がメインで、「報告や相談をしにくい場合は内部通報制度もありますよ」と伝えています。

とは言え、社内の問題点を改善する重要な方法論の1つであることをPRすることによって、告げ口感とか不信感が薄れることを期待しつつ、この制度が会社のためになるものであることをアピールするように努めています。通報という観念に内在する抵抗感、不信感はやはり深いものがあると感じています。

[南] 積水化学の場合も、内部通報制度単独での研修はありません。コンプライアンス研修の最後に、「コンプライアンスの問題に直面したとき、職場での解決ができなければこういった通報の窓口があります」と伝えて締めくくります。

当社は2002年に内部通報制度を導入して12年経ち、我々としては、社員全員この制度の存在は当然知っているはずという感覚でした。ところが、2年前にとったアンケートでは

社員のうち6割くらいしか知らなかったので、4割も知らないという驚きが我々にはありました。そこから、認知度を高めるために、eラーニングに設問として追加したり、社内報に記事を出したり、とりあえず目につくところに載せていこうという取り組みをしています。

それと連動してか、内部通報の件数もだいたい年間30件程度で安定してきているように思います。「一人で抱え込まず、気軽に我々のところに相談してください」と、通報へのハードルが高くならないようなアナウンスをしています。

[梅本] 一応通報として寄せられたが、相談だけとか、何かアドバイスをした結果、通報者が通報を取り下げたということはありませんか。

[南] 通報窓口に寄せられた通報には、「このことは、まだ上司に報告も相談もしていません」というものが入っています。その場合は、「まず上司に相談してみませんか」とアドバイスして、通報者に戻すケースはそれなりにあります。先ほどご発言があった社外窓口の「事前相談」と同じく、そういうものが混じってくるとしても、「それはそれでいいだろう」というのが今の積水化学の事務局の考え方です。

しかし、そのような場合は統計上、内部通報の件数にカウントしません。それを入れたら、もっと件数としては増えると思います。それも含めて、今は社員全員に知ってもらうことが何より大事であるという価値観を優先させています。

[梅本] 内部通報制度を利用する前にまず直属の上司に報告（通報）や相談をするのがよい、それができない、またはうまく進まないときに内部通報制度を利用するのがよいという考えが前提にあるのですね。

[今田] 参天製薬のニューズレターでも、横との相談、上司への相談、そういうのがしにくいならば、我々（社内通報窓口）、さらに我々にも通報しにくいならば、「社外通報窓口がありますよ。どうぞ」ということ、そして、「これは会社をよくするためですよ」ということを最低、年2回はアナウンスするようにしています。

[梅本] 通報者の保護の1つとして、通報者の名前を極力明かさない、ということについて、社内事務局では名前、その他通報者の個人情報を把握していたときでも、社内の報告書等にそれらを記載しないということがあるのですか。

[南] 積水化学の場合は、コンプライアンス分科会に報告することが社内規則に定められているのですが、通

報者の了解がなければ、通報者の氏名など、個人が特定される情報については開示しないことになっています。

[梅本] そこで、例えば「社長である私が尋ねているのに、答えられないのか」といったようなことで、揉めたことはないということですね。

[南] そうです。今までありません。

[今田] 参天製薬でも基本的に同じです。例えば、私とチームを組んでいるメンバー、これを事務局とするならば、事務局の中でもリテラシーを見たうえで共有する範囲を決めてやっています。それで通報者の上司には基本的に秘匿します。その上司も何らかの形で関わっている可能性もありますし、いろいろなことが考えられるからです。懲戒委員会に提出する報告書には通報者名を記載します。ただ、その情報を他部署と共有するときは伏せます。

[梅本] ちなみに、この点に関し、問題になったオリンパスの規定はこうなっているそうです。「正当な理由が認められる場合には、通報者の氏名等を必要最小限の範囲で開示できる」と。「正当な理由が認められるとき」という修飾語は実質的にどこまで有効なのかは疑問がありますが。

[B] 「正当な理由が認められるとき」、これが微妙ですね。会社の立場からすれば、せめて調査チームの中では開示してもよいとしないと、事実調査のうえで大変苦労することになると思います。最終的には、やはり会社が決定し得ることだと思います。

[A] 現在、島津製作所の個人情報の守秘義務は、積水化学さんと同じです。明確な同意を通報者本人から得た場合以外は開示しないということで、調査等に関わった者以外は知り得ない状況であり、必ず伏せて報告しているところです。オリンパスさんが入れているような条文に該当するようなシリアスな状況は幸い起きていない状況ですが、そのような事態の発生も想定していく必要性を感じました。

[梅本] ところで、私は、内部通報制度の活性化が進展しないことの原因の１つは、経営トップの認識の不十分さにあると考えています。

先ほど、コンプライアンス経営達成のためになすべきことは多岐にわたり、内部通報制度はその１つにすぎないという意見もありましたが、私は決して小さな１つとは思いません。その証拠に、最近もいわゆる企業不祥事が後を絶ちませんが、発生した不祥事を見てみると、内部通報制度が整備されていたら発生しなかったであろうと思われる事案が少なくありません。むしろ、大部分がそ

うではないかと思います。それもそのはずで、不正行為等が単独で、かつ周囲にそれとまったく疑われることなくなされることはほとんどありません。

　例えば、食品偽装問題にしても、個人食堂ならいざ知らず、一流ホテルでは材料の仕入れ担当、料理人、コスト計算と売価をウオッチしている担当者、メニュー作成者、顧客サービス係などの誰一人として「これはおかしいぞ」と気づかなかった、そんなはずがありません。気づいていた人が少なからずいたはずです。そのうちの誰かが内部通報し、会社としてそれを吸い上げ、適正に対応する体制ができていれば、その不正行為等が継続されることはなかったはずです。

　そうだとすれば、その結果責任を問われるのは経営者です。株主代表訴訟によって、経営者は個人として莫大な損害賠償責任を負わされるのです。経営者が内部通報制度に対して平気でいられるはずがないのです。

　議論させていただく話題はまだまだあるようですが、時間に限りがありますので、本日の座談会はこの程度で終了させていただきます。貴重な情報やご意見、大変ありがとうございました。

おわりに

　コンプライアンス経営の実践は必ずしも法律論ではありません。一方で経営姿勢そのものであり、他方で実務的、具体的、技術的なものです。
　そのような観点から、今とくに思いを深くしている事柄を最後にいくつか述べておきたいと思います。

　唐突ですが、通勤電車の中で車掌が車内放送で乗客に、次のように呼びかけているのを聞かれたことがあると思います。
　「もし、車内で不審物を発見されたときは、すぐに車掌までお知らせください」
　内部通報制度は、まさにこれと同じです。全社員に向かって、「もし、あなたの職場や身辺で不審な状況を発見したときは、すぐに上司や内部通報窓口に連絡してください」と呼びかけているのです。

　これが、なぜコンプライアンス経営に役立つか。
　会社にはいろいろな階層の管理職や内部監査部門、また取締役や監査役、会計監査人など、経営や日常業務の監視、監督を任務とする人たちがたくさんいます。しかし、大勢の社員が働き、大きな組織で動いている経営の隅々まで、このような人たちだけで監視しきれるものでしょうか。それは、とうてい不可能です。
　電車の例で言うと、車掌だけがいくら車内の見回りや監視を怠りなく行っても、長い連結車両のどこかにひそかに置かれている不審物まで見逃さないというのは不可能なことです。
　そこで、電車内であれ、会社内であれ、そこに不審物や不穏な状況がないかどうかを全員で監視する。みんなでやれば、それが見逃される可能性は限りなく小さくなります。

もし、電車内で不審物を見つけたのに、その人が黙っていたとしましょう。万一それが爆発すれば、多くの犠牲者が出るだけでなく、その人自身も当然被害者になります。

　会社や団体における不正行為等の場合も同じです。不正行為等を認識している社員がいるのに、本人が「見て見ぬふり」をして黙っていれば、経営幹部もそれに気づかず、発覚したときは取り返しのつかない企業不祥事に発展し、ついには会社倒産ということにもなりかねません。そうなると、はじめに不正行為等を認識していながら黙っていた人も、当然職場を失うことになります。

　内部通報制度がその機能を発揮できるかどうかの最大のキーワードは「経営トップの鶴の一声」です。「全員が監査役（監視役）になれ。なってくれ」と叫ぶことです。

　なぜ、それが必要か。社員は誰しも進んで「監査役」、「監視役」などになりたくないのです。もし、同僚が会社の金銭を着服しているのを知っても、そのことを上司や内部通報窓口に通報することは決して愉快なことではありません。勇気もいります。できれば「見て見ぬふり」をしたい、というのが人情です。

　また、最近の若手社員には「出る杭は打たれる」とか「余計なことを言って失点をもらいたくない」という警戒感、消極的姿勢が増加していると聞きます。

　しかし、「それではダメだ。企業不祥事を起こさない良い会社にするためには皆が『監視役』を引き受け、通報者になる勇気を持ってもらわないといけない」という経営トップの訴えがあれば、社員は鼓舞され、使命感を抱くようになるはずです。

　最後に、もう1つ重要なキーワード、それは社員等の内部通報制度に対する「信頼感、安心感」です。

　内部通報をしても、自分が通報者だということを同僚たちに知られるこ

とはめったにない。万一知られても、逆恨みされたり、村八分にあったり、上司から嫌がらせを受けたりすることはない。もし、そんなことがあれば会社が守ってくれる、という気持ちです。

ましてや、善意の内部通報をしたにもかかわらず、会社から批判を受けたり、その結果、不本意な転勤を命じられたりすることは絶対にないという、制度に対する信頼感、安心感です。

この信頼感、安心感を確実なものにし積み重ねていくことは、実は容易ではありません。逆に、それを裏切るような事態が発生すると、それが些細なことであっても、一度に信頼感、安心感は崩れ去ってしまいます。いったん崩れてしまうとその社員は、またその職場は二度と内部通報をしなくなります。「見て見ぬふり」をする社員に戻ってしまいます。

対策としては、管理職や経営幹部の教育、啓蒙に注力することと合わせて、ここでも経営トップの"鶴の一声"が必要になります。「内部通報を行った社員に対し、嫌がらせや、いかなる不利益な取扱いも行ってはならない。もし、そのようなことをすれば、その者を咎める」と。

本書が、コンプライアンス重視の経営を志向される、多くの企業や団体の関係者に少しでも参考になれば幸いです。

最後になりましたが、本書の性格から、世のベストセラーのごとく多くの読者を獲得することが困難な書籍でありながら、編者や執筆者の熱い願いをくみ取っていただき、種々のアドバイスとともに本書の発行にご協力いただいた日本実業出版社の編集部に心から感謝を申しあげる次第です。

梅本　弘

執筆者一覧

（いずれも弁護士法人栄光・栄光綜合法律事務所に所属）

梅本　弘　〔代表社員弁護士・所長〕　※編著者
1941年生まれ
1964年3月　　　京都大学経済学部卒業
1964～1971年　　東レ株式会社勤務
1976年4月　　　弁護士登録（司法修習第28期）
1978年4月　　　「梅本弘法律事務所」を開設
1981年4月　　　「梅本・片井法律事務所」に変更
1988年1月　　　「栄光綜合法律事務所」に変更
2003年1月～　　「弁護士法人栄光」を設立。代表社員

片井輝夫　〔代表社員弁護士〕
1949年生まれ
1971年3月　　　早稲田大学第一法学部卒業
1976年4月　　　弁護士登録（司法修習第28期）
1981年4月～　　梅本・片井法律事務所パートナー
1988年1月～　　栄光綜合法律事務所パートナー
2003年1月～　　弁護士法人栄光の設立に参加。代表社員

池田佳史　〔代表社員弁護士〕
1962年生まれ
1987年3月　　　大阪大学法学部卒業
1990年4月　　　弁護士登録（司法修習第42期）
1990年4月～　　栄光綜合法律事務所に勤務
1999年4月～　　同事務所パートナー
1999年5月　　　ブリティッシュ　コロンビア大学（カナダ）ロースクール　マスターコース終了
2003年1月～　　弁護士法人栄光の設立に参加。代表社員

池野由香里　〔社員弁護士〕
1966年生まれ
1994年3月　　　京都大学法学部卒業
1996年4月　　　弁護士登録（司法修習第48期）
1996年4月～　　栄光綜合法律事務所に勤務
2001年1月～　　同事務所パートナー
2003年1月～　　弁護士法人栄光の設立に参加。社員

嶋津裕介〔社員弁護士〕
 1970年生まれ
 1999年4月　　弁護士登録（司法修習第51期）
 1999年4月～　栄光綜合法律事務所に勤務
 2003年1月～　弁護士法人栄光に勤務
 2004年1月～　弁護士法人栄光、社員

森田　豪〔社員弁護士〕
 1978年生まれ
 2001年3月　　一橋大学法学部卒業
 2004年10月　　弁護士登録（司法修習第57期）
 2007年4月～　弁護士法人栄光に勤務
 2010年1月～　弁護士法人栄光、社員

高橋英伸〔弁護士〕
 1978年生まれ
 2003年3月　　京都大学法学部卒業
 2006年10月　　弁護士登録（司法修習第59期）
 2006年10月～　弁護士法人栄光に勤務

木ノ島雄介〔弁護士〕
 1972年生まれ
 2000年3月　　大阪大学法学部卒業
 2007年9月　　弁護士登録（司法修習第60期）
 2011年1月～　弁護士栄光に勤務

吉田興平〔弁護士〕
 1979年生まれ
 2002年3月　　大阪大学文学部卒業
 2002～2004年　株式会社オービック勤務
 2007年3月　　大阪大学法科大学院卒業
 2008年12月　　弁護士登録（司法修習第61期）
 2008年12月～　弁護士法人栄光に勤務

なお、本書の内容や内部通報制度全般に関するご質問やご意見がありましたら、下記メールアドレスまでお寄せください。

Email：eiko@lawyers.or.jp

梅本　弘　（うめもと　ひろし）
1941年生まれ。京都大学経済学部卒業。1976年弁護士登録、勤務弁護士を経て、1978年独立して「梅本弘法律事務所」を開設。2003年法人化し「弁護士法人栄光」を設立、代表社員に就任。企業法務全般を扱うが、とくにコーポレートガバナンス、コンプライアンスに明るい。著書に『PL法　実務と対策はこうする』（共著、日本実業出版社）ほか。

コンプライアンス経営の"切り札"
実効性のある　内部通報制度のしくみと運用

2015年8月10日　初版発行

編著者　梅本　弘　©H.Umemoto 2015
発行者　吉田啓二

発行所　株式会社 日本実業出版社　東京都文京区本郷3-2-12 〒113-0033
　　　　　　　　　　　　　　　　　大阪市北区西天満6-8-1 〒530-0047
　　　　編集部 ☎03-3814-5651
　　　　営業部 ☎03-3814-5161　振替　00170-1-25349
　　　　　　　　　　　　　　　　　http://www.njg.co.jp/

印刷／壮光舎　　製本／共栄社

この本の内容についてのお問合せは、書面かFAX（03-3818-2723）にてお願い致します。
落丁・乱丁本は、送料小社負担にて、お取り替え致します。

ISBN 978-4-534-05306-0　Printed in JAPAN

日本実業出版社の本

知りたいことがすぐわかる
図解　会社法のしくみ

株式の意味や株主の権利、株主総会の意義、会社の機関設計などから、キャッシュアウト、多重代表訴訟、コーポレートガバナンスなどまで、図表をまじえてやさしく解説。起業や経営の基本の会社法が、2015年5月施行の改正点と一緒に理解できる一冊。

中島　成・著
定価 本体 1600円（税別）

これだけは知っておきたい
会社の法律がなんでもわかる本

文書作成、取引、契約など仕事に直結する法律知識から、会社生活を送るうえで知っておかなければならない法律のルールまで、知っておきたいテーマを1頁1項目の読みきり式で網羅。総務・人事・労務担当者はもちろん、営業等のビジネスパーソンにも最適の本！

法律事務所オーセンス・著
定価 本体 1500円（税別）

企業に求められる対応をやさしく解説
マイナンバー制度の実務と業務フローがわかる本

2016年1月から本格的な運用が始まるマイナンバー制度の、業務フローと実務のポイントを、企業の総務・人事労務担当者の視点で解説。本書を手元に置いておくことで、マイナンバー制度を円滑に導入することができる。対応準備は、この一冊があればOK！

社会保険労務士法人
名南経営・著
定価 本体 1600円（税別）

定価変更の場合はご了承ください。